COCKTAIL

Let's enjoy COCKTAILs

理由がわかれば
もっとおいしい！

カクテルを楽しむ教科書

一般社団法人
日本ホテルバーメンズ協会（H.B.A.）
名誉顧問
渡邉一也
［監修］

ナツメ社

はじめに

みなさんにとって「カクテル」とは何でしょうか。カクテルを飲んだことがあっても、あらためて「カクテルとは何か」と考えてみると、実はよく知らない……。そんな人も多いのではないでしょうか。

カクテルは、さまざまな味わいに加え、美しい色合いやデコレーションなど、“星の数”ほどの種類があり、その多彩な選択肢の中から、飲む場所やシチュエーション、時間帯、気分によって、最適な一杯を選ぶ楽しさがあります。

また、カクテルの語源にまつわる逸話や、発展の歴史、誕生に秘められたストーリーなど、それぞれのカクテルの背景やエピソードを思い描きながらの味わいは、格別なものとなるでしょう。

最近では、食事をさらにおいしく味わうためのカクテルが注目されており、カクテルと料理の相性「フードペアリング」も重視され、カクテルが充実したレストランも増えてきました。

そのようにカクテルに触れる機会が増える中で、ぜひバーでもカクテルを味わっていただきたいと思っています。バーでは、カクテル作りのプロであるバーテンダーが、お客様の気分や好みに合わせて、心を込めた一杯を提供してくれます。

バーは決して入りにくいところではありません。ホテルのバーなら初心者でも利用しやすいですし、街なかにはカジュアルなバーもたくさんあります。何かわからないことがあればバーテンダーに相談できますので、ひとりでも気軽にバーを利用することができます。

本書では、カクテルやバーの初心者に向けて、カクテルの基本知識やベースとなるお酒の情報、カクテルの作り方、代表的なカクテルの紹介に加え、バーでの楽しみ方などを、豊富なイラストを交えてわかりやすくお伝えしています。カクテルとバーについて知ることで、カクテルに興味を持っていただき、カクテルをさらに深く味わったり、バーで楽しい時間を過ごしたりしていただけたらと思っています。

本書がみなさんのお役に立つとともに、カクテル文化の発展に少しでも寄与できればと願っております。

お気に入りの一杯を見つけて、バーや家で、カクテルを楽しんでいただければ幸いです。

一般社団法人 日本ホテルバーメンズ協会（H.B.A.）
名誉顧問　渡邉一也

Contents

WHAT IS COCKTAIL?
ジュースやフルーツなど
Juice
酒
something（何か）
cocktail
カクテル

The Savoy
COCKTAIL
BOOK

Chapter 2 ベースとなるお酒を知ろう ………… 31

Chapter 3 カクテルを作ろう ………… 83

Chapter 4 スタンダード・カクテルを知ろう ………… 113

Chapter 5 カクテルをもっと楽しもう ………… 157

chapter 6 バーに行こう

Chapter 1

カクテルの基本を知ろう

「ジン・トニック」や「カンパリ・ソーダ」など、
普段、何気なく飲んでいるカクテル。
でも、そもそもカクテルってどんな飲み物？
カクテルの定義や種類、その歴史など、
カクテルの基本を押さえよう。

カクテルってどんな飲み物のこと？

“星の数”ほども存在するといわれるカクテル。「マティーニ」（→P114）、「ソルティ・ドッグ」（→P122）、「モスコー・ミュール」（→P124）など、それぞれ異なる名前や特徴をもち、使われる材料も含め千差万別だ。

カクテルは、広い意味ではいろいろなものを混ぜ合わせて作る「ミックス・ドリンク」に分類されるが、混ぜれば何でもカクテルになるわけではない。カクテルとは基本的に、「酒（ベース、その他）に副材料（ジュース、フルーツ、スパイスなど）を混ぜて作るアルコール飲料」のこと。つまり、「酒＋something（何か）」がカクテルであると考えられる。

それがなぜ「雄鶏（おんどり）の尾（＝cock tail）」の意味をもつ「カクテル（cocktail）」と呼ばれるようになったのかは諸説あり、未だ謎に包まれている。

カクテルの語源

「雄鶏の尾」を意味するカクテルの語源について、有名な3つの説を紹介しよう。

説1 少年の勘違い

その昔、メキシコのユカタン半島のカンペチェという町に、イギリスの船が入港した際、船員たちが酒場の少年に「その飲み物は何か？」と尋ねた。少年は飲み物を混ぜる小枝のことを聞かれたと勘違いし、「コーラ・デ・ガジョ（＝雄鶏の尾）」と答えた。小枝の形からそう名付けられていたのだ。それが雄鶏の尾を意味する英語「テール・オブ・コック（tail of cock）」と結び付き、「カクテル（cocktail）」として伝えられた。

説2 バー「四角軒」

18世紀後半、アメリカ・ニューヨークの北に「四角軒」という名のバーがあった。独立戦争で独立派を応援し兵士たちに酒を振舞っていた経営者のベティは、反独立派の地主の家から盗み出した雄鶏をロースト・チキンに、その尾をラム・パンチ（→P22）のボウルに飾り、兵士たちの喝采を浴びた。以後、酒をミックスした飲み物を注文する際は、雄鶏の尾から「cocktail」と言うようになった。

説3 親孝行娘

アメリカの片田舎で暮らしていたジムは、闘鶏で負け知らずの自慢の雄鶏がいなくなり、意気消沈していた。娘のマリーはジムを元気づけようと、雄鶏を見つけた男性と結婚すると宣言。やがて雄鶏は発見され、大喜びしたジムは、身の周りの酒を手当たり次第にバケツに注ぎ込み、祝杯をあげた。この混ぜ合わせた酒があまりにもおいしかったため、以後、雄鶏にちなんでミックスした酒を「cocktail」と呼ぶようになった。

「酒＋something（何か）」で作られるカクテルの材料は、大きく3つに分けられる。まず「酒」には、カクテルの味わいの「ベースとなる酒」のほか、風味付けなどに使われる「ベース以外の酒」が含まれる。そして、「something」とは、酒以外の「副材料」のこと。割材の炭酸飲料やミネラル・ウォーター、ジュースなどの飲料、さらに風味付けや香り付け、デコレーションのために使われるフルーツや野菜、スパイス類なども副材料に当たる。

たとえば、「マルガリータ」（→P132）というカクテルの場合、「酒」はベースとなるテキーラと風味付けのホワイト・キュラソー、「something=副材料」は割材と風味付けを兼ねたレモン・ジュースという構成だ。

ベース以外の酒および副材料の数に決まりはなく、より複雑な組み合わせのカクテルも多数ある。

カクテルには どんな種類が ある？

カクテルにはいくつかの分類の仕方がある。ひとつは、飲み切るまでの所要時間による分け方だ。あまり時間をかけずに飲むカクテルを「ショート・ドリンク」（ショート・カクテル）、ゆっくりと時間をかけて飲むカクテルを「ロング・ドリンク」（ロング・カクテル）と呼び分ける。

ショート・ドリンクは、小さめの脚付きグラスに注がれ、アルコール度数は高め。時間をおくと味が落ちるため、短時間で飲み切るのが望ましい。一方のロング・ドリンクは、大きめのグラスにジュースなどの割材を多めに入れて作られるのが一般的で、アルコール度数はやや低めだ。氷を入れて保冷されるので、比較的長くおいしく味わうことができる。

ロング・ドリンクはさらに、温度によって「コールド・ドリンク」と「ホット・ドリンク」の2種類に分けられる。コールド・ドリンクは6～12℃程度の冷たいカクテル、ホット・ドリンクは62～67℃程度の温かいカクテルを指す。

ギムレット（→P116）、サイドカー（→P140） など

ジン・トニック（→P118）、カンパリ・ソーダ（→P142） など

アイリッシュ・コーヒー（→P138）、ホット・バタード・ラム など

カクテルは、飲む時間や場所、目的などTPOによっても分類される。日本では食事を中心とした分け方が一般的で、食事の前に飲むものを「食前酒」、食事の後に飲むものを「食後酒」、それ以外のものを「オール・デイ・カクテル」と呼び分ける。

食前酒には食欲を増進させる目的があり、甘みが少なくさっぱりとした味わいのものが主流。食後酒には口直しや消化を助ける働きがあり、デザート感覚で楽しめる甘口で濃厚な味わいのものが多い。オール・デイ・カクテルは、食前・食後に関係なく、時間を選ばずにいつでも飲んでよく、ほとんどのカクテルがこれに属する。

欧米ではこのほか、夜遅くに飲む「サパー・カクテル」や就寝前に飲む「ナイト・キャップ・カクテル」、祝いの席で飲まれる「シャンパン・カクテル」など、より細かなTPOの分類があり、さまざまなシーンでカクテルが楽しまれている（→P15）。

TPOによる分類

食前酒

食事前に、食欲増進のために飲むカクテル。甘すぎずさっぱりした味わいのものが多い。フランス語では「アペリティフ」という。

- マティーニ（→P114）
- マンハッタン（→P134）
- キール（→P146）　など

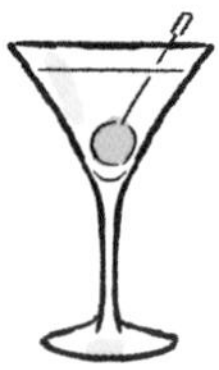

Martini

Kir

食後酒

食事後に、口直しや消化促進のために飲むカクテル。デザート感覚の甘口で濃厚なものが多い。フランス語では「ディジェスティフ」という。

- アイリッシュ・コーヒー（→P138）
- カルーア・ミルク（→P144）　など

Irish Coffee

Kahlua & Milk

オール・デイ・カクテル

食前、食中、食後にかかわらず、どの時間帯に飲んでもよいカクテル。ほとんどのカクテルがこれに該当する。

- ジン・トニック（→P118）
- ソルティ・ドッグ（→P122）
- モヒート（→P130）　など

Salty Dog

Mojito

その他の分類

食事以外のシーンも対象とした、
より細かなTPOの分類について詳しく見ていこう。

1 ビフォー・ディナー・カクテル

食前酒（アペリティフ）のことだが、この名称のときは文字通り、ディナーの前に飲むカクテルを指す。単なる食欲の増進にとどまらず、豊かな食事の前奏といった優雅な意味合いが込められている。「プレ・ディナー・カクテル」とも呼ばれる。

2 サパー・カクテル

夜遅い時間帯に飲むカクテルで、「ビフォー・ミッドナイト・カクテル」とも呼ばれる。ブランデー・ベースの「シャンゼリゼ」や、シャンパンと黒ビールを合わせた「ブラック・ベルベット」など、アルコール度数が高めでやや辛口のものが適している。

3 ナイト・キャップ・カクテル

就寝前、熟睡できるように飲む酒を「ナイト・キャップ（寝酒）」というが、そのカクテル版。「ブランデー・ズーム・カクテル」といったブランデー・ベースの濃厚なカクテルや、卵を使ったカクテルなどが、ナイト・キャップ向きとされている。

4 シャンパン・カクテル

結婚披露宴など祝いの席やパーティー時に提供されるシャンパン・ベースのカクテル。華やかな場を演出し、列席者の気分を高める効果がある。映画『カサブランカ』でハンフリー・ボガート演じる主人公が「君の瞳に乾杯」と言う有名なシーンにも登場する（→P150）。

5 クラブ・カクテル

ディナー時にオードブルやスープの代わりに出される、料理の味を引き立てるカクテル。代表的なものに、ドライ・ジンをベースにグレナデン・シロップ、レモン・ジュース、卵白などで作る「クローバー・クラブ」というカクテルがある。

カクテルのスタイルによる分類

カクテルは、作り方（＝スタイル）によっても分類することができる。代表的なスタイルがわかっていれば、バーでカクテルを注文するときの参考になるだろう。

オン・ザ・ロック
On the Rocks

オールド・ファッションド・グラスに大きめの氷を入れ、ウイスキーなどを注いだもの。単に「ロック」ともいう。

ラスティ・ネイル（→P177）

クーラー
Cooler

ベースとなる酒（蒸留酒やワイン）にレモンやライムなど柑橘系のジュースを加え、ソーダ（炭酸飲料）で割るスタイル。

ボストン・クーラー（→P171）

コリンズ
Collins

ベースとなる蒸留酒に柑橘類の果汁、シロップや砂糖を加え、ソーダで満たすスタイル。コリンズ・グラス（→P103）を使う。

トム・コリンズ

サワー
Sour

ベースとなる蒸留酒にレモンなど柑橘類の果汁を加え、グレナデン・シロップや砂糖などで甘みを付けるスタイル。

ウイスキー・サワー

スリング
Sling

もともとは、ベースとなる蒸留酒に砂糖などの甘みを加え、水かお湯で割るスタイルだったが、現在は「フィズ」と同様。

シンガポール・スリング（→P158）

ハイボール
Highball

ベースとなる酒を炭酸清涼飲料で割ったもの。日本では一般的にウイスキー類をソーダで割ったものを指す。

ウイスキー・ソーダ（ハイボール）（→P176）

バック

Buck

ベースとなる蒸留酒に果肉や果汁を加え、ジンジャー・エールで割ったもの。「バック」は「キックのある」という意味。

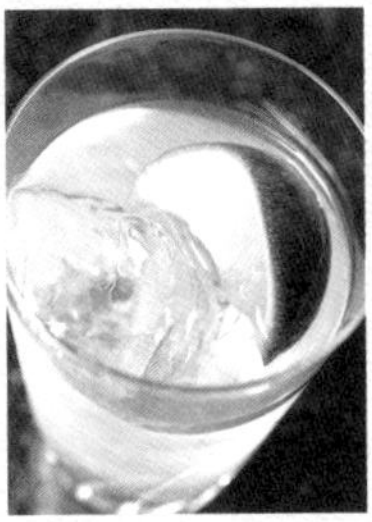

ジン・バック

フィズ

Fizz

ベースとなる蒸留酒か混成酒に、柑橘類の果汁とシロップなどの甘みを加えてシェークし、ソーダで割るスタイル。

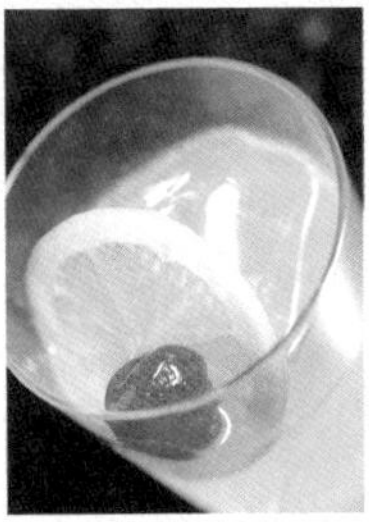

ジン・フィズ
（→P160）

フラッペ

Frappé

クラッシュド・アイスで満たしたグラスに材料を注ぐ。「フラッペ」はフランス語で「氷で冷やした」という意味。

ミント・フラッペ

フローズン

Frozen

ブレンダー（→P86）にクラッシュド・アイスと材料を入れ、シャーベット状にするスタイル。暑い季節にぴったり。

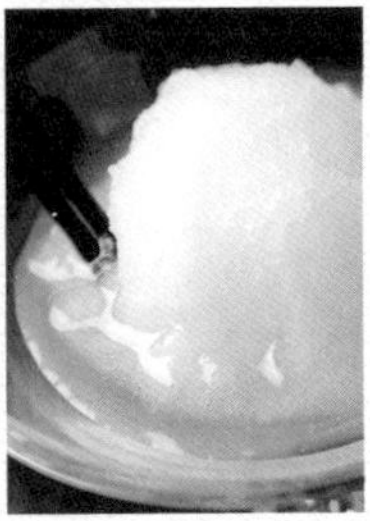

フローズン・ダイキリ
（→P171）

フロート

Float

複数の材料を比重の重いものからグラスに注ぎ、層を作るスタイル。「フロート」は「浮かべる」という意味。

ウイスキー・フロート

リッキー

Rickey

ベースとなる蒸留酒にライムなど柑橘類の果肉を搾り、ソーダで割るスタイル。果肉をマドラーで潰しながら飲む。

ジン・リッキー

カクテルの色がカラフルなのはなぜ？

カクテルには、赤、青、黄、緑、ピンクなどさまざまな色があり、その美しさを愛でるのも楽しみのひとつ。色彩が豊かになった要因は、中世ヨーロッパで生まれたリキュールにある。当時、宮廷や上流階級の婦人たちの間で花やスパイスなどを加えて着色したリキュールが大流行し、18世紀後半には衣装やアクセサリーと合わせて楽しむ“液体の宝石”と呼ばれるようになった。

そして20世紀初頭にアメリカでカクテルが流行すると、世界各地でカクテル用のリキュールが作られるようになり、色とりどりのカクテルが続々と誕生した。

リキュールのほかに、各種シロップやフルーツ・ジュースもカクテルの色付けに大いに役立つ。これらを組み合わせることで、多種多様なカラー・バリエーションが生み出される。赤色ならクレーム・ド・カシスやグレナデン・シロップ、青色ならブルー・キュラソーというように、色を決める代表的な材料をそろえておくと、カクテル作りの幅が広がるだろう。

カクテルのカラー・バリエーション

	赤	青	黄	緑	ピンク
代表的なカクテル	キール（→ P146）	チャイナ・ブルー	ライジング・サン（→ P174）	アラウンド・ザ・ワールド（→ P159）	シー・ブリーズ（→ P164）
色を決める材料	クレーム・ド・カシス（→ P64）	ブルー・キュラソー（※1）（→ P64）	シャルトリューズ・ジョーヌ（※2）	グリーン・ミント・リキュール	クランベリー・ジュース

※1：スピリッツにオレンジ果皮の風味を付けたリキュール「キュラソー」を、青く着色したもの
※2：130 種に及ぶハーブが配合されたリキュール。「シャルトリューズ・ヴェール」（→ P66）は姉妹品

誕生石にちなんだカクテル

誕生月	1月	2月	3月	4月
誕生石とその色	ガーネット（深紅）	アメジスト（紫）	ブラッド・ストーン（赤茶）	ダイヤモンド（透明）
同じ色のカクテル	ジャック・ローズ（→ P179） 	ブルー・ムーン（→ P160） 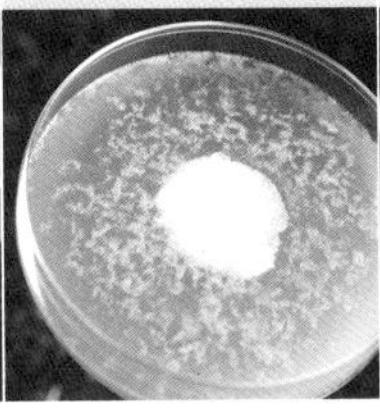	チェリー・ブロッサム 	マティーニ（→ P114） 

誕生月	5月	6月	7月	8月
誕生石とその色	エメラルド（緑）	パール（白）	ルビー（赤）	サードニックス（茶）
同じ色のカクテル	グリーン・アラスカ 	ギブソン 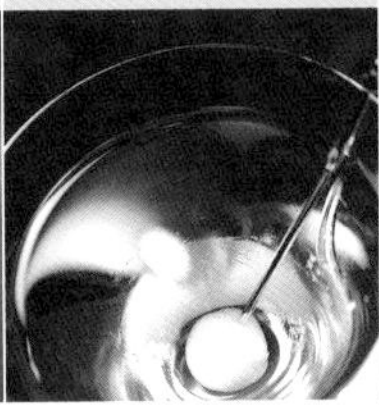	コスモポリタン（→ P163） 	サイドカー（→ P140） 

誕生月	9月	10月	11月	12月
誕生石とその色	サファイア（青）	オパール（白）	トパーズ（黄）	トルコ石（緑）
同じ色のカクテル	ブルー・ハワイ 	ホワイト・レディ 	ミモザ（→ P150） 	グラスホッパー（→ P182） 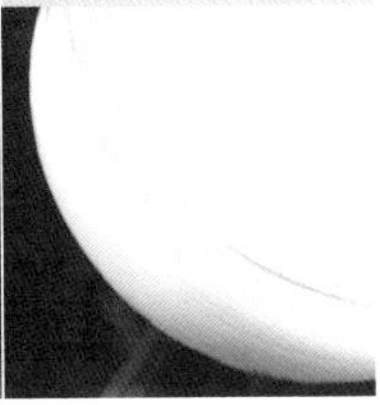

カクテルのアルコール度数はどのくらい？

カクテルのアルコール度数は、使われている酒や副材料によって異なる。「マティーニ」（→P114）のように40度以上のものから、「レッド・アイ」（→P152）など3度以下の軽いものまで幅広く、最近ではアルコールが苦手な人向けのノン・アルコール・カクテルも普及している。

アルコール度数の高さは味覚である程度判断できるが、なかにはアルコール度数が高いのに口当たりがよいカクテルもあるので要注意だ。自分の許容量を超えて酔い潰れないために、カクテルのアルコール度数やその日の体調を考慮して、自分に合った一杯を選びたい。

カクテルのアルコール度数がわからないときは、バーテンダーに聞けば教えてくれるので、細かく覚える必要はないが、材料と分量がわかれば自分で計算することもできる。以下にアルコール度数を割り出す簡単な計算方法を紹介するので、試してみよう。

アルコール度数の計算方法

カクテルのアルコール度数は、使用する材料の比率を基準に計算する。カクテル1杯の量を「1」として、使用する各材料を分数化し、その数字に各材料のアルコール度数をかけて合計する。

マルガリータ（→P132）の場合

1 テキーラ(40度)は
全体量の1/2なので
1/2×40度＝20度

2 ホワイト・キュラソー(40度)は
全体量の1/4なので
1/4×40度＝10度

3 レモン・ジュースは
アルコール度数0度なので、
0度

⇒ 20度＋10度＋0度＝30度

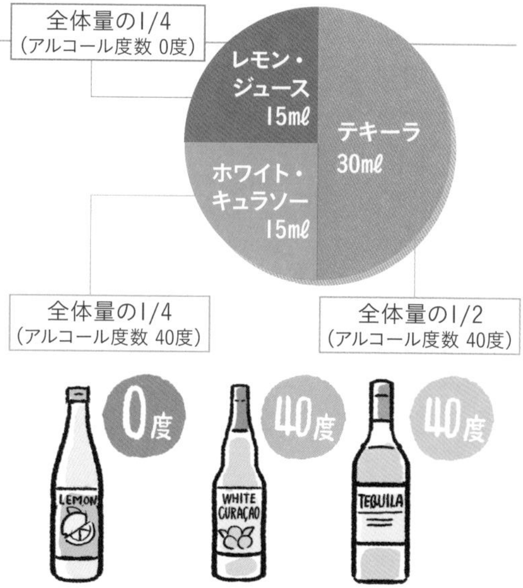

代表的なカクテルのアルコール度数

度数	カクテル名
0 （ノン・アルコール）	シンデレラ（→ P189） ハーバル・トニック（→ P189）
2.5	レッド・アイ（→ P152）
5	アイリッシュ・コーヒー（→ P138）
5.6	スプモーニ（→ P181）
6	ミモザ（→ P150）
8.3	カンパリ・ソーダ（→ P142）
10	シンガポール・スリング（→ P158） パローマ（→ P172）
10.9	ソルティ・ドッグ（→ P122） モスコー・ミュール（→ P124）
12	カルーア・ミルク（→ P144）
12.6	キール（→ P146）
15.7	ジン・トニック（→ P118）
16.4	バンブー（→ P148）
17.2	セレブレーション（→ P184）
18.2	マイタイ（→ P168）
20	コスモポリタン（→ P163）
22.5	モヒート（→ P130）
26	アレキサンダー（→ P178）
27.7	ダイキリ（→ P126） バカルディ・カクテル（→ P128）
29	ネグローニ（→ P120）
29.3	ミント・ジュレップ（→ P175）
30	マルガリータ（→ P132） サイドカー（→ P140）
31.3	オールド・ファッションド（→ P136）
31.9	マンハッタン（→ P134）
35	ギムレット（→ P116）
42.2	マティーニ（→ P114）

カクテルの起源は？どんな歴史があるの？

カクテルの起源は、紀元前の古代エジプトや古代ローマまで遡る。当時の酒はビールやワインが中心だったが、いずれも酸味が強く、ストレートでは飲みづらかったため、さまざまなものを混ぜて味を調整するようになった。古代エジプトではビールにハチミツやショウガ、ナツメヤシのジュースを加えて飲み、古代ローマではワインを水で割って飲むのが一般的になっていった。また、紀元前の中国・唐でも、ワインに馬乳を混ぜて発酵させた乳酸飲料が飲まれていたという。

そして12世紀に入り、ヨーロッパを中心にカクテルの変革期が訪れる。原始的なカクテルはおもに常温で飲まれていたが、ヨーロッパの寒冷化が進んだことにより、ワインに薬草などを加えて熱したホット・ドリンクが盛んに飲まれるようになった。

また、大航海時代の最中にあった1630年頃、インドからイギリスに新たなカクテルがもたらされた。アラックという蒸留酒をベースに、砂糖、ライム、スパイス、水を入れてミックスした「パンチ」というカクテルで、イギリスではベースの酒や副材料をアレンジした「ホット・パンチ」が一般家庭に普及し、カクテルがより身近なものになっていった。

大航海時代は、スパイスや果実など“新大陸”のさまざまな作物がヨーロッパに持ち込まれた一方、アジアやヨーロッパの作物が新大陸に持ち込まれる例も多かった。サトウキビが原料のラムや、ライ麦を原料としたライ・ウイスキーなど、新たな酒が生まれ、カクテルはさらなる発展を遂げていく。

カクテルの歴史

時期	できごと
古代エジプト時代	ビールにハチミツやショウガなどを加えたミックス・ドリンクが飲まれる
古代ローマ時代	ワインの水割りなど、ワインに something（何か）を混ぜたミックス・ドリンクが飲まれる
640 年頃	唐（中国）でワインに馬乳を加えたミックス・ドリンクが飲まれる
9 世紀	ドイツで大鉢（ボーレ）に白ワイン、薬草、果物、砂糖を加えたものが飲まれる
12 ～ 17 世紀	ヨーロッパで、寒い日にミックス・ドリンクを温めて飲む習慣が生まれる 蒸留酒が誕生し、蒸留酒ベースのミックス・ドリンクが飲まれるように
1630 年頃	インド人が生み出した「パンチ」がイギリスで大流行する
1720 年頃	ワインにお湯と砂糖、香料を加えた「ニーガス」がイギリスで誕生し、評判となる
1748 年頃	ロンドンで出版された小冊子『スクァイア・レシピーズ』に「cocktail」という単語が登場する
1815 年頃	アメリカで「ミント・ジュレップ」が誕生する
1830 年頃	イギリス海軍により「ジン・ビターズ」が誕生する
1870 年代後半	ミュンヘン工業大学のカール・フォン・リンデン教授が、製氷機の原型となる高圧冷却器を開発する →人工製氷機が普及し、現代的な冷たいカクテル誕生のきっかけに
1880 年代	アメリカで「マンハッタン」「マティーニ」「ジン・フィズ」が誕生する
1920 ～ 1933 年	アメリカで「禁酒法」が施行され、バーテンダーがヨーロッパへ（→ P24）
1930 年	ロンドンの名門ホテル「ザ・サヴォイ」のチーフ・バーテンダー、ハリー・クラドックが『サヴォイ・カクテル・ブック』を出版（→ P27）
1960 年代	1945 年にフランスで生まれた「キール」が流行する
1970 年代	ジン、ウオッカ、ホワイト・ラム、ホワイト・テキーラなどの「ホワイト・スピリッツ」がブームになり（ホワイト・レボリューション）、それらをベースにした口当たりのよいカクテルが主流となる
1980 年代	健康志向の社会的風潮と結び付き、ジュースやソーダ割のカクテルが流行し、世界的にカクテルのライト化が進む
1990 年代	新しいタイプのフルーツ・リキュールが生まれ、フレッシュ・フルーツを使ったカクテルも世界的に流行する
20 世紀末	リキュールを使った芸術的なスタイルのカクテル類「シューター」など、アメリカでさまざまなカクテル・トレンドが生まれる
現在	フルーティーなカクテルに加え、スタンダード・カクテルも根強い人気を保っており、さまざまなカクテルを味わうことができる

現在のようにキリッと冷えたカクテルが飲まれるようになったのは、19世紀後半、人工製氷機が開発されてからのこと。新しいものを積極的に取り入れる土壌があったアメリカでは、製氷機が普及してまもなく「マンハッタン」(→P134)や「マティーニ」(→P114)といった現代的なカクテルが誕生した。20世紀に入る頃から、色鮮やかなリキュールやジュースを使用したものなど、新しい雰囲気のカクテルが続々と登場し始め、第一次世界大戦時にアメリカの軍人によってヨーロッパにも伝えられた。

その後、アメリカは「禁酒法」の時代(1920～1933年)を迎え、法律により飲料用アルコールの製造・販売・運搬・輸出入が固く禁じられた。カクテルも当然、禁止対象となったが、皮肉にもそれがカクテルの進化を促す結果に。巷では地下のもぐり酒場が大繁盛し、粗悪な密造酒をおいしく飲むためにカクテルの新しいレシピが考案されるなど、以前にも増してカクテル人気が高まったのである。

もぐり酒場のバーテンダーの中には、禁酒法下のアメリカに嫌気が差し、堂々と働ける場を求めてヨーロッパに渡る者も多くいた。これにより、アメリカン・スタイルのバーがヨーロッパに浸透し、ロンドンやパリなどの都市部を中心にバーでカクテルを嗜む人が増えていった。

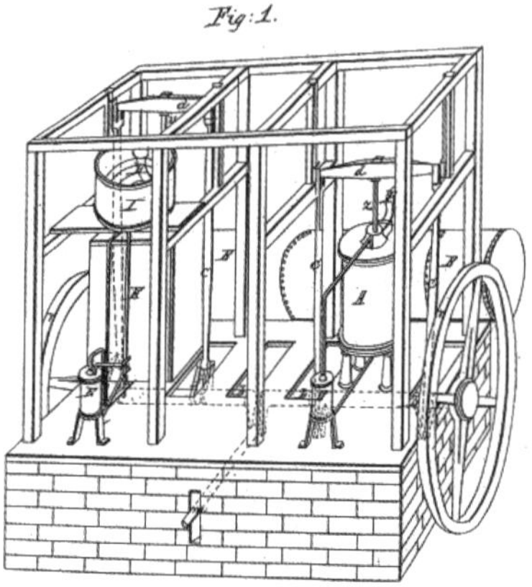

アメリカのジョン・ゴリー医師が作った製氷機の概念図

アメリカの「禁酒法」とは？

禁酒法とは、アメリカ合衆国憲法修正第18条のもと、1920年から1933年まで施行された、飲料用アルコールの製造・販売・運搬、社交クラブなどでの飲酒が禁止された法律。酒に酔って暴力や犯罪を引き起こすヨーロッパ系移民に対し、反移民・反カトリックを掲げるプロテスタントの牧師や女性信者が禁酒運動を展開したことが法律制定のきっかけとなった。

禁酒法施行前に買い込んだ酒を飲むこと、処方された薬として飲むこと、国外で飲むことは認められていたものの、飲酒の機会が大幅に制限されたため、巷には「スピーク・イージー」と呼ばれるもぐり酒場が激増。酒場の用心棒も兼ねていたマフィアが国内の密造酒の販路を整え、違法な酒を出回らせていた。

保安官が密造酒を廃棄している様子 ©Orange County Archives

日本のカクテルの歴史は?

カクテルがいつ日本へもたらされたのか、明確なことはわかっていない。ただ、幕末から明治時代にかけて、横浜や東京にバーを併設した西洋式のホテルが複数開業していることから、この頃からカクテルが飲まれ始めたと考えてよいだろう。

現在明らかになっている中で最も古い日本生まれのカクテルは、1889(明治22)年に横浜のグランドホテル(現・ホテルニューグランド)の支配人に就任したアメリカ人のルイス・エッピンガーが、日本をイメージして考案した「バンブー」である(→P148)。エキゾチックな雰囲気を漂わせたバンブーは外国人客の評判を呼び、やがて世界に知れ渡っていく。

カクテルが日本に普及したのは、明治の終わりから大正時代にかけて、街にカフェやバーが出現してからのこと。民衆の間でカクテルや洋酒が飲まれ始め、北原白秋(はくしゅう)や高村光太郎といった作家たちも愛飲していた。戦後、再び洋酒やカクテルが注目され始めたのは、高度経済成長期を迎えた1950年代以降。アメリカをはじめ海外のトレンドに敏感な若者や女性の間でカクテルが飲まれるようになり、1980年代にはカフェとバーが融合した「カフェバー」でカクテルを飲むことが一大ブームに。スタンダード・カクテルの定着とともに、日本独自の創作カクテルも数多く生み出された。

カクテルの名前はどうやって付けるの？

「ソルティ・ドッグ」(→P122)、「キューバ・リバー」(→P169)、「シンデレラ」(→P189) など、カクテルのネーミングはどれも実に個性的。多くの場合、カクテルの創作者が名付け親となっており、命名の由来も語り継がれている。

たとえば「マルガリータ」は、創作したバーテンダー、ジャン・デュレッサーが若き日の恋人の名前を付けたもの (→P132)。「ブラッディー・メアリー」は、16世紀に多くのプロテスタントを処刑したイングランド女王の異名、“血まみれのメアリー”に由来する (→P166)。このように人名にちなんだ名前のほか、「ボストン・クーラー」(→P171) や「シンガポール・スリング」(→P158)、「モスコー・ミュール」(→P124) など、地名を冠したカクテルも数多く見受けられる。

このほか、実際に起こった出来事に由来するユニークな例もある。タヒチ語で「最高」を意味する「マイタイ」というカクテル (→P168) は、最初に飲んだタヒチ人が「マイタイ！」と叫んだことが命名のきっかけになった。また「スクリュードライバー」は、イランの油田で働いていたアメリカ人作業員が即席のカクテルを作った際、マドラー代わりに工具のスクリュードライバー (ねじ回し) を使ってステアしたことからその名が付いたという (→P165)。

カクテルの名前は基本的に世界共通だが、英語やフランス語など、言語の違いによって発音が異なる場合もある。海外のバーでカクテルを注文する際は、あらかじめ現地の発音を調べておくとよいだろう。

人名にちなんだカクテル

カクテル名	関係する人物、由来
アドニス	ギリシア神話に登場する美少年
アレキサンダー	1901年にイギリス王妃となったアレクサンドラ(→P178)
キール	フランス・ディジョン市長、 キャノン・フェリックス・キール(→P146)
チャーチル	元イギリス首相、 ウィンストン・チャーチル
チャーリー・チャップリン	イギリスの喜劇王、 チャーリー・チャップリン
ベリーニ	ルネッサンス期の画家、 ジョヴァンニ・ベリーニ(→P186)
ロブ・ロイ	スコットランドの義賊、 ロバート・ロイ・マグレガーの愛称(→P177)

バーテンダーのバイブル『サヴォイ・カクテル・ブック』

もともとカクテルは口伝えで広まることが多く、オリジナルの味やスタイルを保つのが難しい側面があった。そこに変化をもたらしたのが、1930年刊行の『サヴォイ・カクテル・ブック』である。イギリス・ロンドンの名門ホテル「ザ・サヴォイ」のチーフ・バーテンダー、ハリー・クラドックが世界中のカクテルのレシピを一冊にまとめた書籍で、バーテンダーの教科書として今も読み継がれている。

カクテルにまつわる歴史的な出来事や有名人の逸話なども紹介されており、バーテンダーに必要な幅広い知識が得られる充実の内容だ。現在入手できる改訂版には、その後追加されたものも含め、800種以上のカクテル・レシピが収録されている。

カクテルの中には、何かのきっかけで名前が知れ渡り、人気に火が付いたものもある。たとえば、世界中のバーで最も飲まれている「マティーニ」(→P114) は、禁酒法を解禁した第32代アメリカ大統領、フランクリン・ルーズベルトのお気に入りだったことが知名度を高める要因に。

また、20世紀前半に誕生した「テキーラ・サンライズ」は、当時はそれほど有名ではなかったが、半世紀も経った後、ザ・ローリング・ストーンズのミック・ジャガーが愛飲していることが話題になり、一躍人気カクテルの仲間入りを果たした (→P173)。

一方、バーテンダーの技術や創造性を競うカクテル・コンペティションをきっかけに広く親しまれるようになったカクテルもある。先に紹介した「マルガリータ」もそのひとつ。アメリカのバーテンダー協会主催の「全米カクテル・コンテスト」で3位に入賞していなければ、世に出ぬままで終わっていたかもしれない。日本生まれのカクテルでは、1950 (昭和25) 年に国内のカクテル・コンクールで優勝した「青い珊瑚礁 (Blue Coral Reef)」が有名だ。

こうして人々に知られるようになったカクテルの一つひとつに、作り手の思いや、そのカクテルをこよなく愛した人々のドラマが宿っている。一杯のカクテルに秘められた歴史やエピソードをひもときながら味わうのも、カクテルの楽しみ方だ。

世界のカクテル

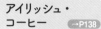

アイリッシュ・コーヒー
→P138

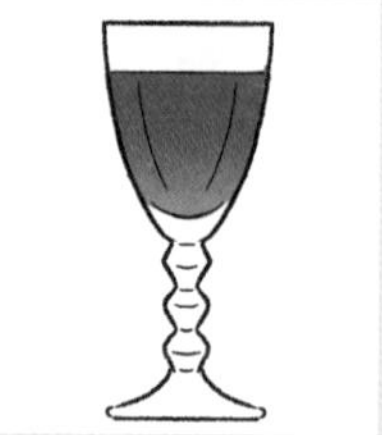

1940年代後半、アイルランドの空港で生まれた

ブラック・ルシアン
→P166

1950年頃、ベルギーのホテル・メトロポールで考案

ブラッディー・メアリー
→P166

1920年代初頭にパリで誕生した説が有力

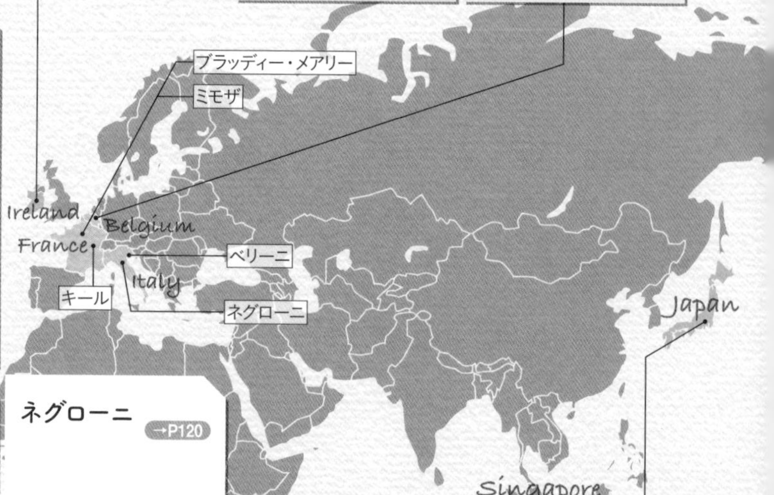

ミモザ
→P150

1925年に高級ホテル「リッツ・パリ」で考案された

ネグローニ
→P120

1919〜1920年頃にイタリアのフィレンツェで誕生

キール
→P146

1945年、ブルゴーニュのディジョン市で誕生

ベリーニ
→P186

1948年にヴェネツィアのハリーズ・バーで誕生

シンガポール・スリング
→P158

1915年にシンガポールのラッフルズ・ホテルで誕生

バンブー
→P148

1890年、横浜のグランドホテルでエッピンガーが創作

マイタイ

→P168

1944年にアメリカ・オークランドで考案された

マルガリータ

→P132

1949年にロサンゼルスで生まれたとされる

モスコー・ミュール

→P124

1940年代にハリウッドで誕生したといわれる

テキーラ・サンライズ

→P173

1930年代後半〜1940年代初頭にフェニックスで誕生

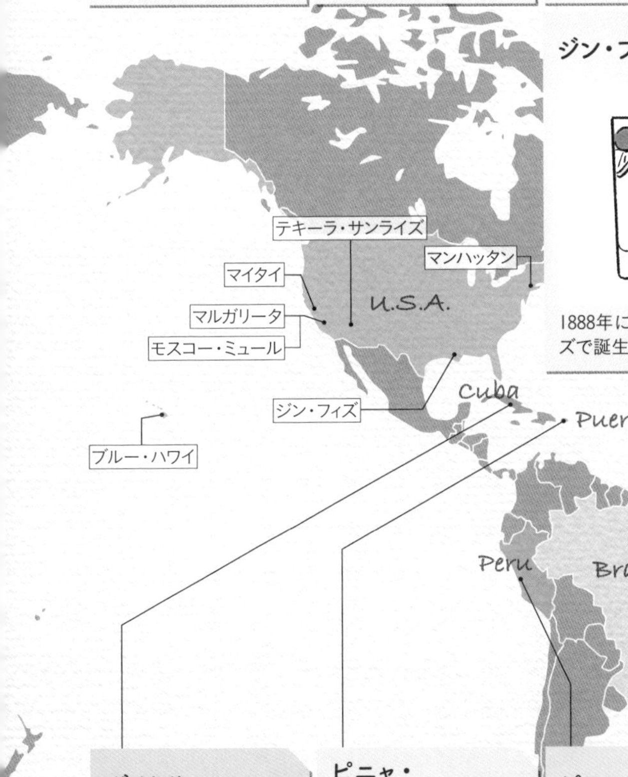

ジン・フィズ

→P160

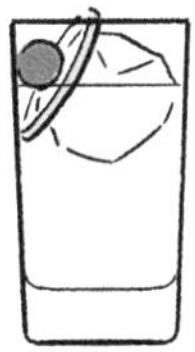

1888年にニューオーリンズで誕生したといわれる

マンハッタン

→P134

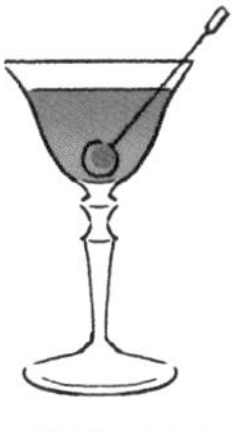

19世紀後半にニューヨークで生まれたとされる

ブルー・ハワイ

1957年にハワイのホノルルで生まれた

ダイキリ

→P126

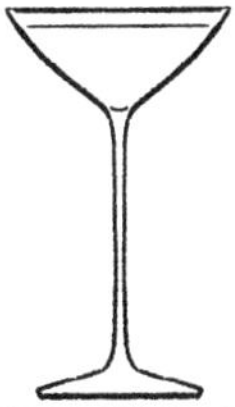

19世紀、キューバのダイキリ鉱山で労働者が飲んだ

ピニャ・コラーダ

→P170

1950年代初頭にプエルトリコで考案された

ピスコ・サワー

1920年代にアメリカ人バーテンダーが考案した、ペルーの蒸留酒「ピスコ」を使ったカクテル

カイピリーニャ

1918年頃に生まれた、サトウキビが原料のブラジルの蒸留酒「カシャーサ」を使ったカクテル

Column 記憶に残るバー＆カクテル 1

Memorable Bar & Cocktail Experiences

自家製の素材を主役にした新スタイルのバー「Lyaness（ライアネス）」

イギリス・ロンドンで活躍する世界的な名バーテンダー、ライアン・チェティヤワーダナ氏。「The World's 50 Best Bars（世界のベスト・バー50）」で１位に選ばれたバーを手掛けた彼がプロデュースしたお店「Lyaness（ライアネス）」は、テムズ川に面したホテル「Sea Containers London（シー・コンテイナーズ・ロンドン）」内にあります。このバーではアフタヌーン・ティーも楽しめ、セレブたちがシャンパンを片手に語らう様子を見たときは、「映画の中の風景がここにある！」と思いました。

そして何より特徴的だったのは、カクテルのメニュー。一般的なバーのメニューには、ベースとなるお酒の種類別にカクテルが掲載されていますが、このバーのメニューには自家製シロップなどの名前が並び、それらを使ったカクテルが、味わいや飲みたいシーン、気分などとともにチャートで表されています。「自家製の素材を主役にする」というアプローチは、「酒＋ something（何か）」というカクテルの定義を超えた、新しい発想を与えてくれました。

https://lyaness.com/

（京王プラザホテル 高野勝矢）

chapter 2

ベースとなるお酒を知ろう

ジンやウオッカ、ラム、テキーラなど、
カクテルにはさまざまな酒が使われている。
酒の定義・分類などの基礎知識、代表的な酒の
基本情報や製造方法、主要銘柄など、
カクテルのベースとなる酒について知ろう。

酒の分類

カクテルのベースや風味付けに欠かせない「酒」には、さまざまな種類がある。まずは、酒の定義や分類の仕方を押さえておこう。

酒とは？

What's Liquor?

そもそも「酒」とは何なのだろうか。国によって定義は異なるが、日本では酒税法上、アルコール分1％以上の飲料が「酒類」とみなされる（アルコールとは、飲用に適した「エチルアルコール」のこと）。この定義に従えば、アルコール1%未満の飲料（ノン・アルコール・ビールなど）は酒類から外しても差し支えないといえる。しかし、わずかでもアルコールによる「酔い」の現象が現れる以上、未成年やドライバーへの影響を考慮するべきだ。

アルコール分とは、100mℓの液体の中に何mℓのエチルアルコールが含まれているかを表すもので、法律でその表示が義務付けられている。たとえば、ラベルに「アルコール度数40度（%）」と表示されていたら、その酒100mℓ中に40mℓのアルコールが含まれていることを意味する。ちなみに、世界で最も強い酒といわれるポーランドの「ウオッカ・スピリタス」のアルコール度数は96度。液体のほとんどをアルコール分が占めている、驚異的な酒である。

酒の分類

Classification of Alcoholic Beverages

酒の分類には、製造法や原料、製造された地方といった細かな基準がある。まず製造法で「醸造酒」「蒸留酒」「混成酒」の3つに大きく分けられ、原材料によってさらに細かく分類できる。醸造酒を例にとると、原材料の成分が糖類かデンプンかで2つの系統に分けられる。さらに、糖類系は果実・ハチミツ・その他に、デンプン系であれば穀類に枝分かれする。

糖類とデンプンの2つの系統に分けられる根拠は、デンプンを糖に分解する「糖化」の有無にある。糖類系の果実やハチミツなどには糖分が含まれ、酵母を加えるだけでアルコールへと発酵させることができる。一方、デンプン系の穀類は、そのままではアルコール発酵ができないため、デンプンを糖に分解する糖化の工程が必要となる。同じ理由から、蒸留酒も糖類とデンプンの2系統に分けられる。

混成酒は、醸造酒または蒸留酒に草根木皮（そうこんぼくひ）、果実、香料、糖類を混ぜるか、エキスを抽出して造ったもの。醸造酒ベースと蒸留酒ベースに大きく分けられ、原料によってフルーツ系、ハーブ・スパイス系などに細分化される。

酒の分類

醸造酒、蒸留酒、混成酒は、原材料によってさらに以下のように分類される。これらの違いを知ることで、各ベース酒で作るカクテルの風味などを把握できる。

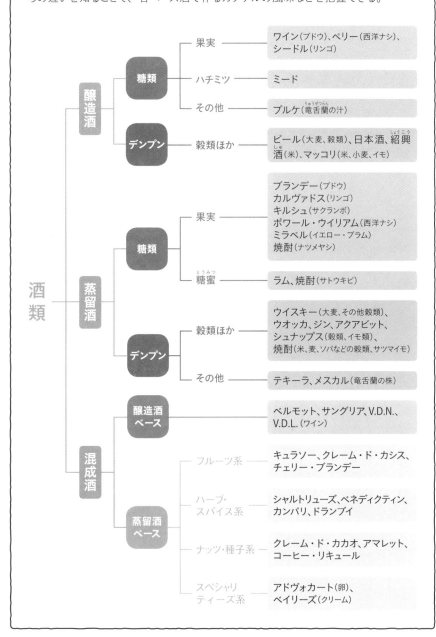

- 酒類
  - 醸造酒
    - 糖類
      - 果実 ― ワイン(ブドウ)、ペリー(西洋ナシ)、シードル(リンゴ)
      - ハチミツ ― ミード
      - その他 ― プルケ(竜舌蘭の汁)
    - デンプン
      - 穀類ほか ― ビール(大麦、穀類)、日本酒、紹興酒(米)、マッコリ(米、小麦、イモ)
  - 蒸留酒
    - 糖類
      - 果実 ― ブランデー(ブドウ)、カルヴァドス(リンゴ)、キルシュ(サクランボ)、ポワール・ウイリアム(西洋ナシ)、ミラベル(イエロー・プラム)、焼酎(ナツメヤシ)
      - 糖蜜 ― ラム、焼酎(サトウキビ)
    - デンプン
      - 穀類ほか ― ウイスキー(大麦、その他穀類)、ウオッカ、ジン、アクアビット、シュナップス(穀類、イモ類)、焼酎(米、麦、ソバなどの穀類、サツマイモ)
      - その他 ― テキーラ、メスカル(竜舌蘭の株)
  - 混成酒
    - 醸造酒ベース ― ベルモット、サングリア、V.D.N.、V.D.L.(ワイン)
    - 蒸留酒ベース
      - フルーツ系 ― キュラソー、クレーム・ド・カシス、チェリー・ブランデー
      - ハーブ・スパイス系 ― シャルトリューズ、ベネディクティン、カンパリ、ドランブイ
      - ナッツ・種子系 ― クレーム・ド・カカオ、アマレット、コーヒー・リキュール
      - スペシャリティーズ系 ― アドヴォカート(卵)、ベイリーズ(クリーム)

蒸留酒と醸造酒

酒を蒸留酒と醸造酒に分ける基準は、製造過程に「蒸留」の工程があるかどうか。どちらも原料を発酵させてアルコール分を作り出す点は共通しており、蒸留酒も蒸留の段階までは醸造酒である。その醸造酒を蒸留機で加熱・冷却することで、アルコール度数の高い蒸留液、すなわち蒸留酒が生まれるしくみだ。アルコール度数が高い分、長期保存しやすいという利点がある。

蒸留酒は「スピリッツ」とも呼ばれ、無色透明のジンやウオッカなどは「ホワイト・スピリッツ」、琥珀色のブランデーやウイスキーなどは「ブラウン・スピリッツ」と呼ばれる。

ワインやビール、日本酒などの醸造酒は、蒸留を行わない代わりに、発酵に重きが置かれる。発酵には、酵母を加えて発酵させるだけの「単発酵」と、デンプンを糖に変えて（糖化）、その糖を発酵させる「複発酵」の2方式があり、ワインは前者、ビールや日本酒は後者に含まれる。いずれの場合も糖分がアルコールに変わってしまえば発酵が終わるので、アルコール度数は高くても20度程度にとどまる。実際には、旨みなどを残すため、それぞれの酒に応じたベストなタイミングで発酵を止めている。

醸造酒はそのまま飲まれることが多いため、カクテルに使われる機会は蒸留酒ほど多くないが、最近は醸造酒の風味を生かした味わい深いカクテルも多数登場している。

醸造酒

果実や穀類などを発酵させて造る酒

蒸留酒

醸造酒を蒸留して造る酒

カクテルのベースとなる蒸留酒と醸造酒のおもな産地

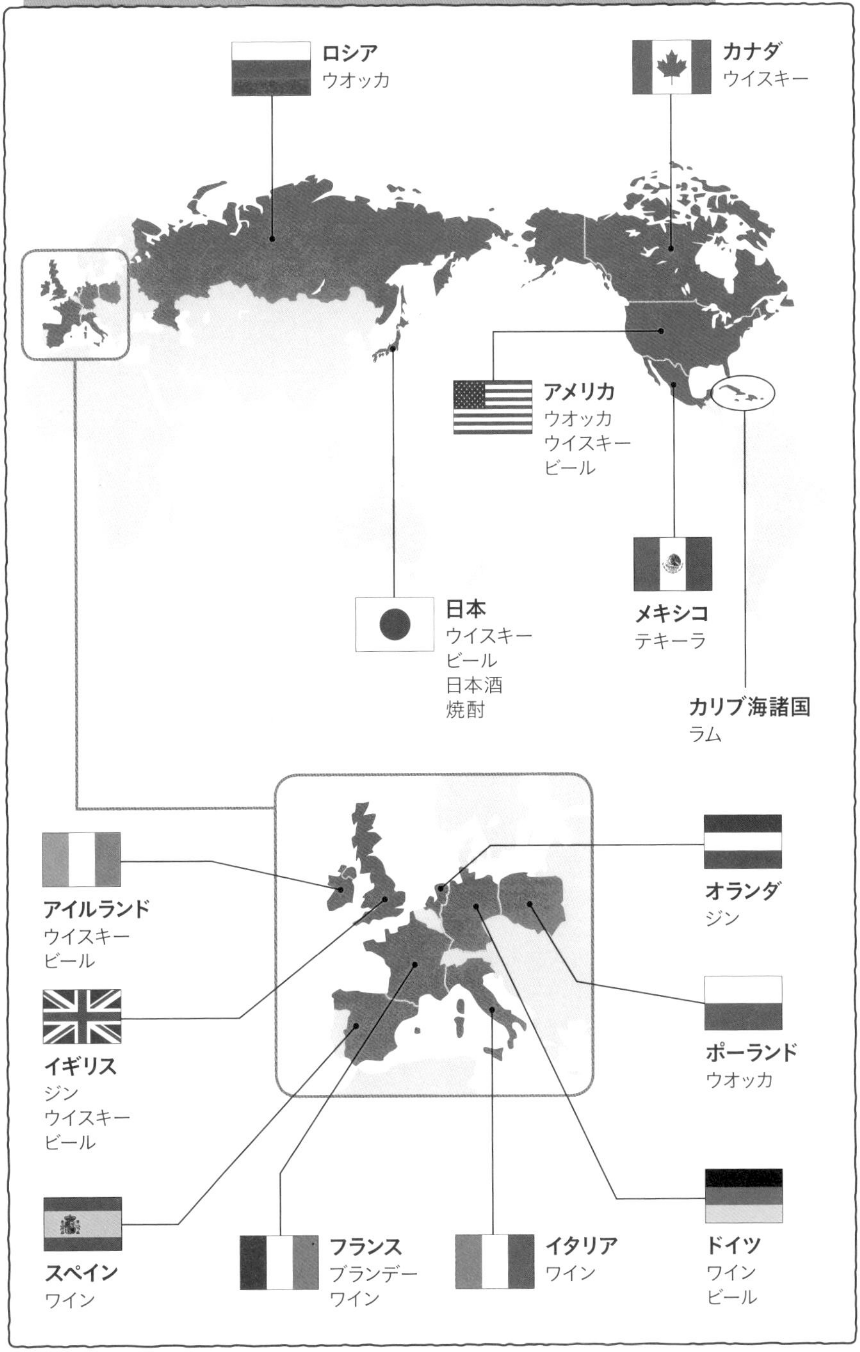

カクテルのベースとなる酒

カクテルのベースとなる酒の特徴をとらえておけば、そのカクテルがどのような味わいなのか、イメージしやすいだろう。

ジン
Gin

ジンを使った代表的なカクテル
- マティーニ（→P114）
- ギムレット（→P116）
- ジン・トニック（→P118）
- ネグローニ（→P120）

ジンとは？
What's Gin?

トウモロコシなどの穀物を原料とした蒸留酒。17世紀のオランダで、熱病の薬としてジュニパー・ベリー（杜松の実）や薬草をアルコールに浸したところ、さわやかな風味となり、健康な人にも広く飲まれるようになった。その後、イギリスで連続式蒸留機が発明されるとともに改良され、ドライなタイプに洗練されていく。

一般にジンといえば、無色透明で辛口のドライ・ジン（イギリス・ジン）のことを指し、アメリカに伝わってからは、そのクセのない特性を生かしてカクテルの素材として重用されるようになった。

ほかにも、フルーツなどで風味を加えたフレーバード・ジンや、原料などにこだわったクラフト・ジンも人気だ。

ジンの製造方法
How to Make Gin

主流のドライ・ジンは、まず主原料のトウモロコシや大麦麦芽などを発酵させた後、連続式蒸留機でアルコール度数95度以上に蒸留した「グレーン・スピリッツ」を造る。そこに、ジンの風味を決定付けるボタニカル（草根木皮）を加えて、単式蒸留器（ポット・スチル）で再蒸留する。使用するボタニカルは多種にわたり、ジンの香りそのものでもあるジュニパー・ベリー系を筆頭に、コリアンダー・シード系、柑橘系に分けられる。ボタニカルの種類や配合比率によってブランド独自の風味が生まれるため、詳細は企業秘密になっている。

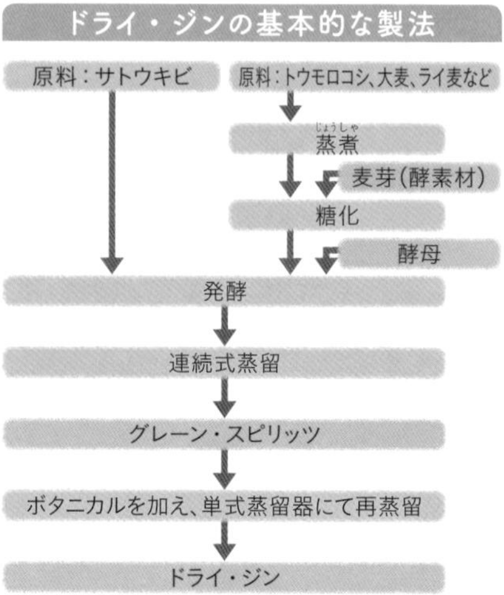

出典：サントリーウェブサイト

ビーフィーター ジン

ロンドン・ジンの伝統を継ぐ信頼のイギリス品質

ラベルに描かれているのは、イギリス王室の王冠が保管されているロンドン塔の近衛兵（ビーフィーター）。19世紀のブランド誕生以来変わらぬレシピを守り、ロンドンのドライ・ジンのブランドとしてのこだわりから、今もロンドンで蒸留している。さわやかな柑橘系の味わいが特徴で、「マティーニ」や「ギムレット」などに最適。

度　数 47度
原産地 イギリス
発売元 サントリースピリッツ

ジンの分類

ドライ・ジン（イギリス・ジン）	イギリスで生まれたジンで、ジュニパー・ベリーや柑橘系の香りが特徴。ライトかつのどごしにキレがある辛口で、カクテルのベースとしておもに使われている。
オランダ・ジン	ドライ・ジンよりも大麦麦芽の使用比率が高く、麦芽の風味に加えて、ジュニパー・ベリーなどの香味も濃厚でコクがある。ストレートで飲む人も多い。
シュタインヘーガー	ドイツで造られるオランダ・タイプのジン。生のジュニパー・ベリーを発酵させて使用するのが特徴で、風味は重いが穏やかな香味を楽しめる。
オールド・トム・ジン	ドライ・ジンに糖分を1～2%加えたやや甘口タイプのジン。生産量が少なく希少となっているが、このジンをレシピに指定したカクテルもある。
フレーバード・ジン	スピリッツにスローベリー（西洋スモモ）などのフルーツおよび香草で風味を付け、甘みを加えたジンのこと。一般的にはリキュールに分類されている。
クラフト・ジン	法律上の定義はないが、大量生産では手を出しづらい原料・製法・産地など、造り手の強いこだわりをもって少量生産されているジンのこと。

ジンの主要銘柄

タンカレー ロンドン ドライジン

高品質なボタニカルが豊かな香味を醸(かも)す

1830年の創業以来、厳選されたボタニカルと4回の蒸留によって、洗練されたキレのある味わいに。ジンの基本といわれている4つの高品質なボタニカルが豊かな香味を醸し出し、余韻までプレミアムな深く澄んだ味わいを楽しめる。

度　数 47.3度
原産地 イギリス
発売元 ディアジオ ジャパン

ボンベイ・サファイア

10種のボタニカルが生む華やかなプレミアム・ジン

1761年から続く伝統的なレシピをもとに造られるプレミアム・ジン。世界中から厳選された10種類のボタニカルと独自の製法が、深く華やかな香りとスムースで複雑な味わいを生み出している。「ジン・トニック」(→P118) などに。

度　数 47度
原産地 イギリス
発売元 サッポロビール

ゴードン ロンドン ドライジン 43%

厳選材料を贅沢に使った香り豊かな爽快感

上質なジュニパー・ベリーを贅沢に使用し、さらにこだわり抜いたボタニカルを加えることで、バランスのとれた豊かな香りと爽快な後味を実現。創業250年以上を誇る老舗メーカーのスタンダードな味わいを楽しむことができる。

度　数 43度
原産地 イギリス
発売元 ディアジオ ジャパン

ギルビー ジン

柑橘の香りが際立つ清涼感に満ちたジン

ギルビー家秘伝のレシピが生み出すギルビー ジンは、ジュニパー・ベリーをはじめ、アンジェリカ・ルートやコリアンダーなど、12種類ものボタニカルを使用。柑橘系の香りが際立つ、清涼感あふれたスムースな味わいが特長だ。

度　数 37〜38度
原産地 イギリス
発売元 キリンビール

ヘンドリックスジン

伝統的なレシピによって造られる
クラフト・ジンのパイオニア

「世界で最も風変わりなジン」とも称されるヘンドリックスは、2つの単式蒸留器で11種類のボタニカルを浸漬（しんし）、蒸留、ブレンドするという独自の製法。さらにキュウリとバラの花びらのエッセンスを加え、唯一無二の個性を生んでいる。

度　数　44度
原産地　スコットランド
発売元　三陽物産

ザ・ボタニスト

野生のボタニカルで造る
プレミアムなドライ・ジン

スコットランドのアイラ島に自生する22種類のボタニカルを使用した、ハンドクラフトのスピリッツ。世界で唯一稼働する特殊な蒸留器「ローモンド・スチル」で時間をかけて蒸留し、ボタニカルの華やかさと深みのあるドライ・ジンに。

度　数　46度
原産地　スコットランド
発売元　レミー コアントロー ジャパン

ヘイマンズ・オールド・トム・ジン

糖蜜（とうみつ）でまろやかさを実現
希少性の高い伝統の味

「オールド・トム」という名前は、1800年代ビクトリア王朝時代のジンの密売所の看板に由来するとか。約2％の糖蜜が入ることで独特のまろやかさを生み出している。世界中のバーテンダーの要望を受け、当時のレシピを現代に復刻。

度　数　41.4度
原産地　イギリス
発売元　国分グループ本社

季（き）の美（び） 京都ドライジン

ロンドン・ジンのスタイルに
“和”のエッセンスをプラス

米から造るライス・スピリッツと、玉露（ぎょくろ）や柚子、檜（ひのき）や山椒など、日本ならではのボタニカルに、やわらかくきめ細かな京都・伏見（ふしみ）の伏流水を使用。英国と京都の伝統を融合させ、独自の製法によって造られた、プレミアム・クラフト・ジン。

度　数　45度
原産地　日本
発売元　ペルノ・リカール・ジャパン

ウオッカ
Vodka

ウオッカを使った代表的なカクテル
- ソルティ・ドッグ（→P122）
- モスコー・ミュール（→P124）

ウオッカとは?　What's Vodka?

トウモロコシ、大麦、小麦、ライ麦などの穀物やジャガイモを原材料とするスピリッツで、12世紀頃からロシアに存在していたといわれている。

白樺の活性炭による濾過処理を経ることによって刺激成分が除去されるため、クリアでまろやかな口当たりが特徴。ほかのアルコールに比べてクセがほとんどなく、なかでも無色、無味、無臭のものは「ピュア・ウオッカ」と呼ばれる。

発祥地のロシアでは小麦から造られるものが多く、国内には1000種ともいわれるほど多種多様な銘柄があり、「ロシアン・ウオッカ」として広く親しまれている。

また、アメリカではトウモロコシ、ポーランドではライ麦と、原料が異なることから、生産国やブランドによって風味に個性が感じられる。小麦を主体として造られる北欧系ウオッカは雑味が極めて少なく、生のフルーツなどカクテルの副材料（→P98）の味わいを最大限に引き出せることから、日本のバーでも愛されている。

ウオッカの製造方法　How to Make Vodka

穀物や麦芽などの原料を糖化、発酵させて、連続式蒸留によって生み出された「グレーン・スピリッツ」（→P36）を、活性炭などで濾過処理する。1810年に開発された、この活性炭濾過製法をきっかけに、ウオッカは軽やかな芳香のするスピリッツとして世界へ広まっていった。

また、濾過の際に主として使われる白樺の炭からは、味わい成分であるアルカリイオンが溶け出し、アルコールと水の融合を促進。水とエチルアルコール以外の成分がほぼなくなるため、原材料の味わいを残しつつもまろやかな仕上がりになり、カクテル・ベースとして使いやすく重宝な存在となっている。

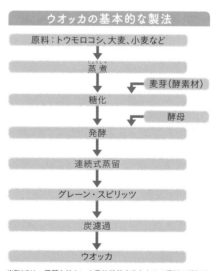

ウオッカの基本的な製法

原料：トウモロコシ、大麦、小麦など
↓
蒸煮
↓ ← 麦芽（酵素材）
糖化
↓ ← 酵母
発酵
↓
連続式蒸留
↓
グレーン・スピリッツ
↓
炭濾過
↓
ウオッカ

※EUでは、芳醇な味わいの香味特性を生むための香料の添加を認めている

出典：サントリーウェブサイト

スミノフ™

10回の濾過が生む味わい すっきりとクリアな正統派

3回の蒸留の後、8時間以上かけてじっくりと白樺活性炭による濾過を実施。10回に及ぶ濾過を繰り返すことによって、徹底的に雑味や濁りを取り除いている。無色透明ですっきりしたクリアな味わいの正統派プレミアム・ウオッカは、ミックスするものを選ばず、カクテルのおいしさを引き立ててくれる。

度 数 40度
原産地 イギリス
発売元 キリンビール

ウオッカの分類

ロシアン・ウオッカ	1000種あるとされるロシア産ウオッカの総称。小麦を使ったものが主で、アルコール度数も高め。クリアな味わいのものが多く、シンプルなカクテルに適している。
アメリカン・ウオッカ	トウモロコシを主原料としたものが多く、強めの香味があるもののクセがないのが特徴。カクテル・ベースとして使いやすいとされている。
ポーランド・ウオッカ	別名ポーリッシュ・ウオッカ。ポーランドでは「WÓDKA（ヴォトカ）」と呼ばれる。主原料のライ麦の風味や深いコクを感じられるものが多い。
北欧系ウオッカ	小麦を主原料としたものが多く、ロシアン・ウオッカとアメリカン・ウオッカの中間の味わい。甘い香りとすっきりとした風味が特徴である。

ウオッカの主要銘柄

スカイ ウォッカ

青空をイメージした
キレのよい味わい

1992年にサンフランシスコで誕生した「スカイ ウォッカ」は、澄みわたるサンフランシスコの青空をイメージしたブルーのボトルが印象的なプレミアム・ウオッカ。4回の蒸留と3回の濾過(ろか)により、カクテルに適したクリアな味わいに仕上がっている。

度 数 40度
原産地 イタリア
発売元 CT Spirits Japan

ベルヴェデール ウォッカ

宮殿の名を冠した
気品あふれる名品

4回の蒸留と33回の品質管理検査を経て生み出される、洗練されたラグジュアリー・ウオッカ。かすかなバニラの香りと穏やかでやわらかなクリームの香りをもち、リッチでまろやかな舌触りが醸(かも)し出す豊かな味わいが特徴。

度 数 40度
原産地 ポーランド
発売元 MHD モエ ヘネシー ディアジオ

フィンランディア

北欧の美しい環境が生む
プレミアムな逸品

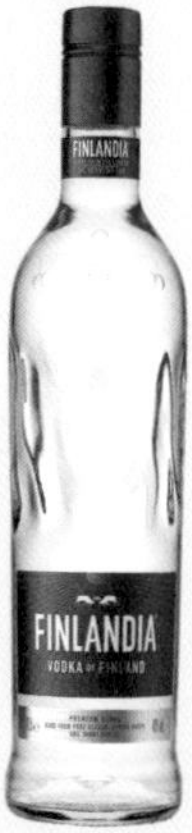

高純度の天然氷河水と、白夜の穏やかな日光のもとで育った最上級の六条麦で造られたプレミアム・ウオッカ。美しい空気と水を吸い上げ、豊かな土壌から栄養分を取り込んだ麦によって、クリアでキレのよい味わいを生んでいる。

度 数 40度
原産地 フィンランド
発売元 アサヒビール

アブソルート・ウオッカ

スウェーデンが誇る
"究極"のウオッカ

南スウェーデン・オフスの蒸留所で一元製造・一元管理で造られる、北欧を代表するウオッカ。連続式蒸留機によって一切の不純物を濾過した味わいは、穀物を思わせるリッチで複雑な香味の中に、ほのかにドライ・フルーツの香りが漂う。

度 数 40度
原産地 スウェーデン
発売元 ペルノ・リカール・ジャパン

ケテル ワン

ていねいな製法が生み出す
クラフト・ウオッカ

厳選された小麦を、手間暇かけたていねいな製法で蒸留し、味わいを磨いたクラフト・ウオッカ。そこから生まれるのは、クリアでフレッシュな香りと、スムースで絹のような口当たり。あらゆるカクテルに絶妙な余韻を残してくれる逸品。

度　数 40度
原産地 オランダ
発売元 ディアジオ ジャパン

プラヴダ

ライ麦の風味香る
高純度スピリッツ

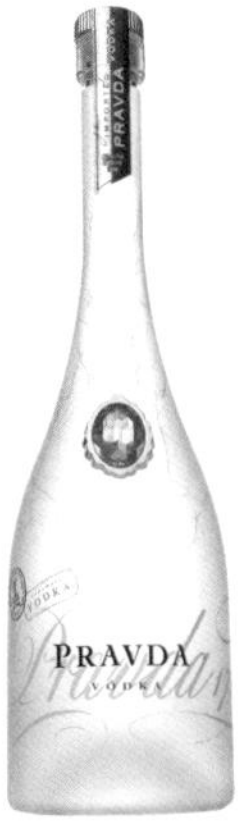

ポーランド中西部のヴィエルコポルスカ地方の畑で育った、糖度の高いライ麦を使用したプレミアム・ウオッカ。この特別なライ麦が、やわらかな味わいを生み出している。また、6回の蒸留を繰り返すことで、より純度の高いスピリッツになる。

度　数 40度
原産地 ポーランド
発売元 ユニオンリカーズ

ソビエスキー・ウォッカ

アメリカ市場を席巻した
高品位ウオッカ

原料のライ麦特有の「甘さ」ののちに「スパイス」の風味を感じるこの「ソビエスキー・ウォッカ」は、フレッシュ・フルーツの微妙な甘さと香りを引き立てる存在。生のフルーツを使ったカクテルに最適なウオッカとして親しまれている。

度　数 40度
原産地 ポーランド
発売元 ジャパンインサイト

ニッカ カフェウオッカ

伝統的な蒸留機で造られる
香味豊かなスピリッツ

連続式蒸留機「カフェスチル」で造られたカフェ蒸留液だけを使用したウオッカ。麦芽由来のフローラルな香りと、トウモロコシ由来のキャラメルのようなコクのある甘い香りが調和した、やわらかく、なめらかな口当たりが特徴。

度　数 40度
原産地 日本
発売元 アサヒビール

ラム

Rum

ラムを使った代表的なカクテル
- ダイキリ（→P126）
- バカルディ・カクテル（→P128）
- モヒート（→P130）

ラムとは？

What's Rum?

ラムはカリブ海・西インド諸島で生まれたスピリッツで、サトウキビに含まれる糖を発酵・蒸留して造られるため、強い甘みがあるのが特徴。

穀物やトウモロコシを原材料に用いたほかのスピリッツのように糖化の工程が不要で、サトウキビの搾り汁を煮詰めてできた糖蜜（モラセズ）を水で薄めて発酵させたのち、蒸留している。そのため「モラセズ・スピリッツ」とも呼ばれる。

ラムはその製法によってライト、ミディアム、ヘビーの3種類に分けられるほか、色合いによりホワイト、ゴールド、ダークの3種類に分けられることもある。カクテル・ベースとしては、無色透明で雑味の少ないホワイト・ラムが用いられることが多く、ダーク・ラムは製菓に適している。

発祥地の西インド諸島だけでなく、ブラジルをはじめ中南米で同系統の酒が造られているほか、日本では沖縄県南大東島や鹿児島県奄美群島などのサトウキビの産地でラム酒が造られている。

ラムの製造方法

How to Make Rum

サトウキビからできた砂糖を分離した後の糖蜜、またはサトウキビの搾り汁を水で薄めたものを発酵させ蒸留する。糖蜜から造るものを「トラディショナル・ラム」、サトウキビ搾り汁を用いたものを「アグリコール・ラム」といい、大半は前者である。

蒸留は連続式蒸留か単式蒸留か、また貯蔵は内側を焦がしていないホワイト・オーク樽か内側を焦がしたホワイト・オーク樽かによって、ライト、ミディアム、ヘビーに分類される。また、ライト・ラムを最後の工程で活性炭によって濾過するとホワイト・ラムに、ヘビー・ラムを3年以上熟成させると、濃い褐色をした風味豊かなダーク・ラムになる。

トラディショナル・ラムの基本的な製法

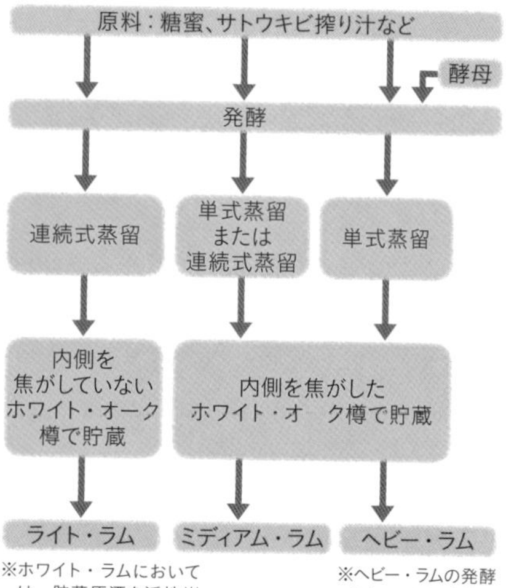

※ホワイト・ラムにおいては、貯蔵原酒を活性炭で脱色する場合もある

※ヘビー・ラムの発酵においては、自然発酵を行う場合もある

出典：サントリーウェブサイト

バカルディ スペリオール（ホワイト）

トロピカル・カクテルに必須のホワイト・ラムの代表格

1862年にキューバで誕生したラム。1年から1年半の間アメリカン・オーク樽で熟成させたのちに活性炭で濾過することで、なめらかな口当たりを追求したホワイト・ラムの代表格。甘みと酸味のバランスが必要なカクテルに欠かせないスピリッツで、「モヒート」や「ダイキリ」などのベースとして、バーテンダーから絶大な支持を得ている。

度　数 40度
原産地 プエルトリコ
発売元 サッポロビール

ラムの分類

ライト・ラム	糖蜜に水を加え、純粋に培養した酵母で発酵させ、連続式蒸留機で蒸留する。活性炭などで濾過した無色透明のラム。やわらかな風味が特徴。
ミディアム・ラム	糖蜜を発酵させ、単式または連続式蒸留機で蒸留する。内側を焦がしたホワイト・オーク樽での熟成は3年未満。ライトとヘビーをブレンドして造られることもある。
ヘビー・ラム	糖蜜を発酵させ、単式蒸留器で蒸留する。内側を焦がしたホワイト・オーク樽で3年以上熟成。濃い褐色で、重厚かつ力強い味わいを楽しめる。

ホワイト・ラム	無色透明または淡色。クセが少ないため、カクテル・ベースとしてよく使われる。シルバー・ラムとも呼ばれる。
ゴールド・ラム	活性炭濾過を経ないため、樽熟成の色が残る。ホワイトとダークの中間に位置する、やや褐色のラム。別名アンバー・ラム。
ダーク・ラム	内側を焦がしたホワイト・オーク樽で3年以上熟成させたラム。濃い褐色と豊かな風味が特徴で、ジャマイカ産に多い。

ラムの主要銘柄

ハバナクラブ 7年

7年熟成の末にたどり着いたプレミアム・ダーク・ラム

キューバに奇跡的にそろった、最高のラム造りの資産を余すことなく受け継いだプレミアム・ラム。7年の熟成期間を経て、ココアやバニラ、西洋スギ、シガー、トロピカル・フルーツの豊かで複雑な香りと余韻を楽しめる。

度　数 40度
原産地 キューバ
発売元 ペルノ・リカール・ジャパン

ロン サカパ23

海抜2300mの雲より高い場所で熟成されるラム酒

恵まれた環境で育ったサトウキビの一番搾り汁のみを濃縮したバージン・シュガーケイン・ハニーを蒸留し、ゆっくり熟成させて造る。ハチミツ、バタースコッチ、スパイスの効いたオークやレーズンの香りが重なり合った、デリケートな味わい。

度　数 40度
原産地 グアテマラ
発売元 ディアジオ ジャパン

ロンリコ ホワイト

カリビアン・ラムを代表するドライな味わいの正統派

現・アメリカ自治領のプエルトリコで、1860年に誕生したロンリコ社のホワイト・ラム。スペイン語で「リッチな味わいのラム」を意味する社名の通り、なめらかですっきりとしたドライな味わい。ジュースやソーダとの相性も抜群だ。

度　数 40度
原産地 アメリカ
発売元 サントリースピリッツ

クラーケン ブラック スパイスド ラム

複数のスパイスが織り成すパワフルで複雑な味わい

バニラ、シナモン、柑橘類、オールスパイス、クローブ、コショウなど、複雑なスパイスの味わいが楽しめる、カリブ海生まれのスパイスド・ラム。パワフルでスムースな味わい、そして墨(すみ)のような黒さが特徴で、欧米を中心に人気上昇中。

度　数 40度
原産地 イギリス
発売元 アサヒビール

キャプテン モルガン スパイスト ラム

甘いバニラが香る
トロピカル・ラム

17世紀に名声を轟（とどろ）かせた海賊の名を冠したカリビアン・ラム。熟成したラムの味わいに、厳選したフルーツの香りとスパイスをプラス。隠し味としてバニラを少々。ほんのり甘い香りとまろやかさに魅了される、印象深いスピリッツだ。

度　数 35度
原産地 アメリカ
発売元 ディアジオ ジャパン

マイヤーズ ラム オリジナルダーク

まろやかな口当たりと
華やかな香りのダーク・ラム

ラベルにラムの製造風景を描いた、ジャマイカ産のダーク・ラム。甘く華やかな香りと豊かな風味をもち、ロック、オレンジ・ジュースやソーダ割りのほか、洋菓子の香り付けにも最適。奥深いコクのある芳醇な味わいが特徴だ。

度　数 40度
原産地 ジャマイカ
発売元 キリンビール

コルバ・ジャマイカ・ラム・ダーク

芳醇で野性味豊かな
ヘビー・ラムの傑作

上質なラムの生産地として知られるジャマイカ。伝統的な蒸留器「ダブル・レトルト・ポット・スチル」で蒸留し、オーク樽で3～5年熟成させたラムは、ひときわ濃厚で芳醇、野性味豊かな味わいが特徴。ヘビー・ラムの傑作として知られる。

度　数 40度
原産地 ジャマイカ
発売元 合同酒精

ロン アブエロ 12

パナマ共和国を代表する蒸留所が
一貫生産するプレミアム・ラム

創業110年以上の蒸留所が、原料のサトウキビの栽培からボトリングまで一貫生産する、12年熟成のバランスのとれたダーク・ラム。ストレートはもちろん、カクテル・ベースとしても使い勝手がよいため、バーテンダーから厚い支持を得ている。

度　数 40度
原産地 パナマ
発売元 リードオフジャパン

テキーラ

Tequila

テキーラを使った代表的なカクテル

- マルガリータ（→P132）
- パローマ（→P172）
- テキーラ・サンライズ（→P173）

テキーラとは?

What's Tequila?

テキーラは、メキシコ原産の竜舌蘭の一種、アガベ・アスール・テキラーナ・ウェーバー（ブルー・アガベ）の茎に含まれるデンプン質から造られるスピリッツのこと。ジン、ウオッカ、ラムと並ぶ「世界4大スピリッツ」の中でも特に個性豊かなスピリッツといわれ、柑橘類との相性がよい。

テキーラが一躍脚光を浴びるようになったきっかけは、1949年に「全米カクテル・コンテスト」で入選したテキーラ・ベースのカクテル「マルガリータ」（→P132）の存在。その後のメキシコ五輪を通じてテキーラは世界中に広まるとともに、人気に乗じて模造品も造られるようになった。

そこで、1994年以降はメキシコの政府機関がテキーラの品質を管理。テキーラと名乗れるのは、メキシコの5つの州で6～11年栽培されたアガベ・アスール・テキラーナ・ウェーバーを用いて製造されたもの、などの厳しい基準が設定されるようになった。ブランコ(ホワイト)、レポサド(ゴールド)、アネホの3つに分類される。

テキーラの製造方法

How to Make Tequila

テキーラの指定産地は、メキシコのハリスコ州、グアナファト州、タマウリパス州、ナヤリ州、ミチョアカン州の5州で、原料のアガベ・アスール・テキラーナ・ウェーバーを51％以上使用する必要がある。

アガベ・アスール・テキラーナ・ウェーバーは、パイナップルのような球茎を持ち、大きなものは直径70～80cm、重さ30～40kgほどにまで育つ。これを伐採後に蒸煮してデンプン質を糖化させ、圧搾、発酵を行う。蒸留は単式蒸留または連続式蒸留で、2回以上行うことが定められている。

なお、テキーラには、メキシコ政府公認規格による生産者番号を製品ラベルに記載することが義務付けられている。

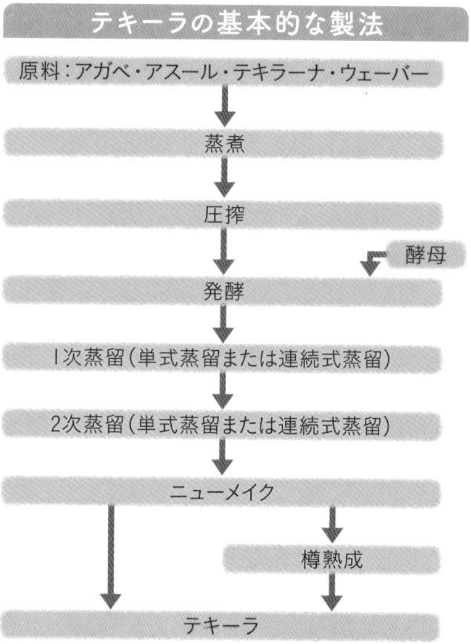

出典：リントリーウェブサイト

ドン・フリオ ブランコ

ブルー・アガベの味わいを堪能するプレミアム・テキーラ界の雄

メキシコのプレミアム・テキーラの代表格「ドン・フリオ」。アガベを手作業で摘み取るところからスタートし、手作業で手間暇かけて造られたブルー・アガベ100％のテキーラは、格別なまろやかさがありながら、フレッシュなシトラス香のさわやかな味わいが特徴。ブルー・アガベ本来の味わいを楽しめる逸品として親しまれている。

度　数 38度
原産地 メキシコ
発売元 ディアジオ ジャパン

テキーラの分類

ブランコ（ホワイト・テキーラ）	蒸留後、（炭による濾過を経て）2か月以内の短期熟成またはまったく熟成させない無色透明のテキーラ。シャープでさわやかな味わいが特徴。
レポサド（ゴールデン・テキーラ）	蒸留後、2か月以上の樽熟成をしたテキーラで、琥珀色をしている。風味は強く、やや角が取れたまろやかな飲み口は最もテキーラらしいとされる。
アネホ	600ℓ以下の樽での1年以上の熟成が法規で義務付けられたテキーラ。テキーラ特有の鋭さが薄れ、まろやかな味わいとなっている。

テキーラの主要銘柄

パトロン・シルバー

最高級の原料を使った
ハイ・クオリティなテキーラ

厳選された最高級のブルー・アガベだけを使用し、手作業で少量ずつ製造されるウルトラ・プレミアム･テキーラ。スムースで甘く、フレッシュなアガベ特有の味わいにペッパーの余韻がほのかに残り、世界中のテキーラ・ファンを魅了。

度数 40度
原産地 メキシコ
発売元 サッポロビール

アガバレス シルバー

アガベ100％で造られる
骨太かつクリアな味

原料に用いるのは、自社所有を含む農園で、一貫した生産管理で栽培されたブルー・アガベのみ。100%アガベ由来のしっかりとした香りが感じられる。カクテル・ベースはもちろん、ストレート（常温、冷蔵）でも楽しめる。

度数 40度
原産地 メキシコ
発売元 リードオフジャパン

オレー テキーラ

香り高く辛口の
正統派ホワイト・テキーラ

「オレー」はメキシコやスペインの闘牛などで使われる掛け声に由来。無色透明でクリスタルの輝きと、原料のブルー・アガベ由来の独特の香りがあり、フレッシュでピュアな味わい。ストレートでも楽しめるが、カクテル・ベースにも。

度数 40度
原産地 メキシコ
発売元 日本リカー

テキーラ サウザ ブルー

ていねいな製法が生み出す
良質なアガベの香味

副原料を一切使用せず、ブルー・アガベ100％を原料とする正統派テキーラ。フレッシュなアガベ由来のフローラルな香味や、柑橘系のリッチな味わいなど、バランスがよく、ワイン感覚でストレートでも楽しめるのが特徴。

度数 40度
原産地 メキシコ
発売元 サントリースピリッツ

クエルボ・エスペシャル・シルバー

樽熟成なしの
フレッシュなおいしさ

テキーラの世界トップ・ブランド、クエルボ社の主力製品。熟成原酒をまったく使用しないプレミアム・シルバー・テキーラで、ブルー・アガベの新鮮な味わい、すっきりとキレのよいなめらかな口当たりが特徴。コールド・ショットでぜひ。

度数 40度
原産地 メキシコ
発売元 アサヒビール

エラドゥーラ プラタ

スパイシーかつ絶妙な樽香が
上質なカクテル・ベースに

10年かけて育成されたアガベを100%使用した本格テキーラ。アメリカン・ホワイト・オークの新樽で45日間熟成させることで、アガベの香りがフルーツ、シナモンの香りへと変化。しっかりした風味ながら、なめらかな口当たりが特徴。

度数 40度
原産地 メキシコ
発売元 アサヒビール

ドン・フリオ レポサド

コクがありながらも
さっぱり軽やかな口当たり

8か月の熟成期間を経て生まれたテキーラで、ナッツやドライ・フルーツ、スパイスなどの香りがミックスした風味と、なめらかな口当たりが特徴。ブルー・アガベの香りが感じられ、コクがありながらもさっぱりとした味わいを楽しめる。

度数 38度
原産地 メキシコ
発売元 ディアジオ ジャパン

オルメカ・テキーラ・レポサド

太陽と情熱の国生まれの
至高のテキーラ

ブランド名はメキシコのオルメカ文明から。なかでもオーク樽で6か月間熟成し、美しい琥珀（こはく）色に仕上がったこのレポサドは、糖蜜（とうみつ）を思わせる甘みに続いて黒コショウのようなスモーキーな風味が広がる、まろやかで深みのある逸品だ。

度数 40度
原産地 メキシコ
発売元 ペルノ・リカール・ジャパン

ウイスキー
Whisky

ウイスキーを使った代表的なカクテル
- マンハッタン（→P134）
- オールド・ファッションド（→P136）
- アイリッシュ・コーヒー（→P138）

ウイスキーとは？
What's Whisky?

ウイスキーは、大麦、ライ麦、トウモロコシなどをおもな原料とした蒸留酒。生産国によって定義はやや異なるが、一般的には「穀物が原料、蒸留酒、木樽熟成」であるものを指す。

独特の色と香りを生み出す木樽熟成の起源は、18世紀のスコットランドにあるとされる。当時、ウイスキー製造にかけられた重税を逃れるため、生産者がウイスキーを山奥で密造し、木樽に隠して保存したといわれている。

19世紀以降、スコットランドのウイスキー造りは活性化し、大麦麦芽のみで造る「モルト・ウイスキー」に加え、トウモロコシなどの穀物から造る「グレーン・ウイスキー」、それらをブレンドした「ブレンデッド・ウイスキー」が誕生。やがて世界中に広まり、各地で多様なウイスキーが造られるようになった。なかでも、スコットランド、アイルランド、アメリカ、カナダ、日本で造られるウイスキーは、「世界５大ウイスキー」と称される（→P53）。

ウイスキーの製造方法
How to Make Whisky

ウイスキーは基本的に、糖化、発酵、蒸留、熟成という流れで造られる。大麦を原料とするモルト・ウイスキーの場合は、まず糖化に必要な麦芽を作る「製麦」の工程があり、単式蒸留器※（ポット・スチル）による2回の蒸留を行うのが特徴だ。

一方、トウモロコシなどの穀物を主原料とするグレーン・ウイスキーは、単式蒸留に比べてよりアルコール濃度の高いものが得られる連続式蒸留機を使用する。

いずれのウイスキーも、蒸留後にホワイト・オークなどの木樽に詰め、長期間の熟成を経て完成する。

※単式蒸留器：蒸留するたびに原料の発酵液を投入する方式の蒸留器

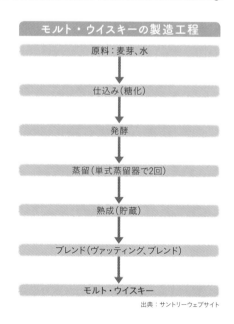

モルト・ウイスキーの製造工程

原料：麦芽、水
↓
仕込み（糖化）
↓
発酵
↓
蒸留（単式蒸留器で2回）
↓
熟成（貯蔵）
↓
ブレンド（ヴァッティング、ブレンド）
↓
モルト・ウイスキー

出典：サントリーウェブサイト

世界5大ウイスキーの産地と特徴

スコットランド

スコッチ・ウイスキー

「ウイスキーといえばスコッチ」という人も多く、世界中で愛飲されている。おもな製品の種類は、バランスのよい風味の「ブレンデッド」と、個性的な味わいの「シングルモルト」。銘柄ごとに個性はさまざまだが、総じてスモーキーな香りのものが多い。

カナダ

カナディアン・ウイスキー

ライ麦などが主原料の「フレーバリング・ウイスキー」と、トウモロコシなどを主原料とした「ベース・ウイスキー」をブレンドして製品化するのが一般的。華やかな香りと軽快な飲み口が特徴で、クセが少ないのでカクテルのベースにもよく用いられる。

アイルランド

アイリッシュ・ウイスキー

古い歴史をもつウイスキーで、香り高く、すっきりとした味わいが特徴。スコッチ・ウイスキーは一般的に単式蒸留器で2回蒸留するが、伝統的なアイリッシュ・ウイスキーは蒸留を3回行う。ただし、現在ではそうとは限らない。

アメリカ

アメリカン・ウイスキー

ライ麦が原料の「ライ・ウイスキー」や、トウモロコシが原料の「コーン・ウイスキー」など、さまざまなウイスキーがある。なかでも有名なのは、おもにケンタッキー州で生産される「バーボン・ウイスキー」と、テネシー州で造られる「テネシー・ウイスキー」だ。

日本

ジャパニーズ・ウイスキー

スコッチ・ウイスキーを手本として造られ始め、スコッチ同様に「ブレンデッド」と「シングルモルト」が主流。スモーキーさはスコッチより控えめだ。近年は、イギリスの権威ある品評会で好成績を収める銘柄も多く、世界的に評価が高まっている。

スコッチ・ウイスキーの種類

造られているウイスキーの種類

モルト・ウイスキー	大麦を発芽させた大麦麦芽(モルト)を原料とし、単式蒸留器で蒸留する伝統的なウイスキー。原料の香味と豊かな味わいが特徴で、蒸留所の個性がよく表れる。
グレーン・ウイスキー	ライ麦、トウモロコシ、小麦などの穀類を原料とし、大麦麦芽を加えて発酵させ、連続式蒸留機で蒸留して造るウイスキー。クセを抑えた穏やかな風味が特徴。

販売されているウイスキーの種類

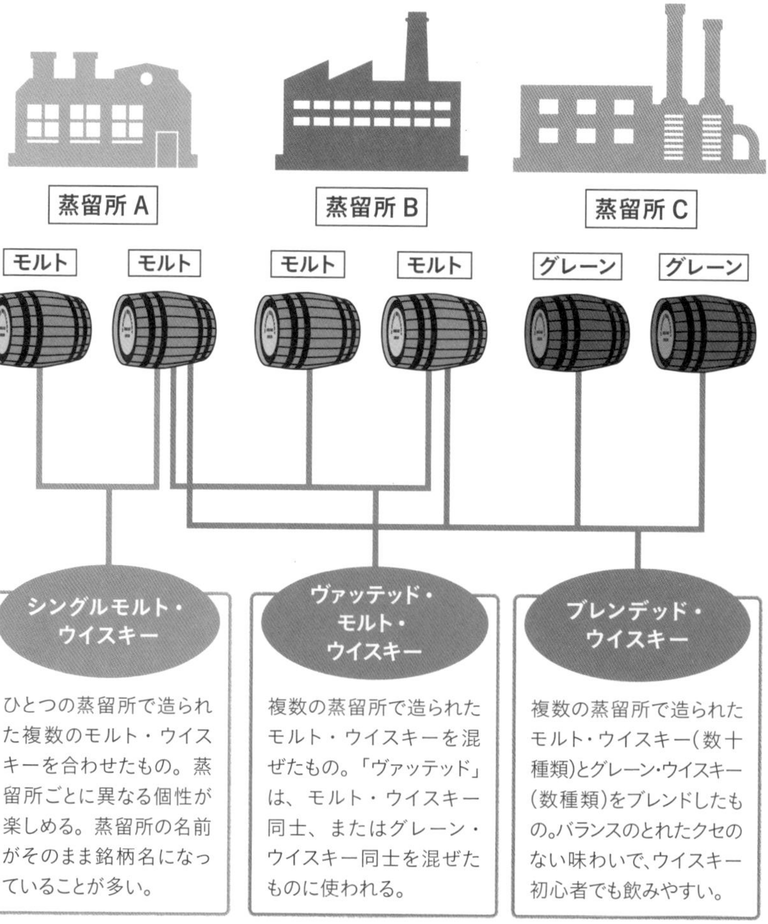

シングルモルト・ウイスキー

ひとつの蒸留所で造られた複数のモルト・ウイスキーを合わせたもの。蒸留所ごとに異なる個性が楽しめる。蒸留所の名前がそのまま銘柄名になっていることが多い。

ヴァッテッド・モルト・ウイスキー

複数の蒸留所で造られたモルト・ウイスキーを混ぜたもの。「ヴァッテッド」は、モルト・ウイスキー同士、またはグレーン・ウイスキー同士を混ぜたものに使われる。

ブレンデッド・ウイスキー

複数の蒸留所で造られたモルト・ウイスキー(数十種類)とグレーン・ウイスキー(数種類)をブレンドしたもの。バランスのとれたクセのない味わいで、ウイスキー初心者でも飲みやすい。

シーバス リーガル12年

卓越したブレンド技術が光る芳醇でなめらかな味わい

1909年以来、ブレンデッドの伝統を守り続けるスコッチ・ウイスキーの代表的ブランド。12年以上熟成されたモルトとグレーンを巧みなブレンド技術で合わせ、飽きのこないスムースでリッチな飲み口に。ハーブや柑橘系の香りと、ハチミツやバニラ、リンゴの味わいがまろやかに溶け合い、豊かな余韻をもたらす。

度 数 40度
原産地 スコットランド
発売元 ペルノ・リカール・ジャパン

「シーバスリーガル」その他の製品

シーバスリーガル18年	厳選されたモルト原酒によるブレンデッド・ウイスキー。ドライ・フルーツ、スパイス、バター・トフィのアロマが幾重にも重なった香りと、ベルベットのようになめらかで芳醇な味わいが特徴。
シーバスリーガル25年	数量限定生産の最高級スコッチ・ウイスキー。オレンジとピーチのフルーティーさに、アーモンドの糖菓子やナッツのほのかな香り、甘くクリーミーな風味、なめらかでまろやかな余韻が楽しめる。
シーバスリーガル アルティス	「アルティス(ULTIS)」は、英語の「ULTIMATE（究極）」とラテン語の「FORTIS（力）」を掛け合わせた造語で、「究極の力」を意味する。その名の通り究極のブレンディング技術を象徴する、プレステージな逸品。

ウイスキーの主要銘柄

デュワーズ・ホワイト・ラベル

ダブルエイジ製法による
なめらかな味わいが魅力

1899年に初代マスター・ブレンダーのA.J.キャメロンが手掛けた、世界中で愛されているブレンデッド・スコッチ。ブレンド後に再熟成する「ダブルエイジ製法」によるなめらかな味わいと華やかな香りは、ハイボール（→P176）に最適。

度　数 40度
原産地 イギリス
発売元 サッポロビール

カナディアン クラブ

北米の大自然に育まれた
ライ麦の香味を軽やかに

「C.C.」の愛称で親しまれるカナディアン・ウイスキーの代表格。ライ麦主体のフレーバー・ウイスキーによる華やかな香りと、すっきりとした味わいに定評がある。ハイボールはもちろん、カナダ発祥のカクテル「シーザー」とも好相性。

度　数 40度
原産地 カナダ
発売元 サントリースピリッツ

ジャック ダニエル ブラック（Old No.7）

バーボンとは別格にランクされる
「テネシーウイスキー」

アメリカを代表するプレミアム・ウイスキー。蒸留したウイスキーを、木桶に詰めたカエデの木炭で一滴ずつ濾過処理するのが、創業以来のテネシー製法。バニラ、キャラメルなどのよい香りと、まろやかでバランスのとれた味わいが特徴。

度　数 40度
原産地 アメリカ
発売元 アサヒビール

メーカーズ マーク

手仕事本位で生み出される
小麦由来の円熟味

手作業によるボトル・トップの赤い封蝋（ふうろう）が象徴的なプレミアム・バーボン。一般的なライ麦の代わりに上質の冬小麦を厳選し、手間と時間のかかる独自製法を守り続ける。絹のようになめらかでまろやかな味わいと、やわらかな甘みが特徴。

度　数 45度
原産地 アメリカ
発売元 サントリースピリッツ

ブラントン・ブラック

シングル・バレルの芳醇で濃密な味わいを継承

ひと樽の原酒から生まれるシングル・バレル・バーボン「ブラントン」の製法を引き継ぎながら、芳醇かつ濃密な味わいをややマイルドに仕上げた一本。ケンタッキー・ダービーの名馬のフィギュアを冠した、洗練されたボトル・デザインにも注目。

度数 40度
原産地 アメリカ
発売元 宝酒造

ジェムソン

こだわりの3回蒸留で極上のスムース感を発揮

世界中で愛飲されているアイリッシュ・ウイスキー。ピート（泥炭）を使わず密閉炉でじっくりと乾燥させた大麦を原料とし、3回の蒸留を経ることで、豊かな香味と抜群のなめらかさを実現。シンプルなソーダ割りで楽しみたい。

度数 40度
原産地 アイルランド
発売元 ペルノ・リカール・ジャパン

サントリー 角瓶

70年以上飲み継がれる調和のとれた国産ウイスキー

亀甲の刻み模様のボトルでおなじみの、70年以上愛され続ける定番。山崎蒸溜所と白州蒸溜所のバーボン樽原酒をバランスよく配合した、甘やかな香りと厚みのあるコク、ドライな後口が特徴。近年のハイボール・ブームの火付け役でもある。

度数 40度
原産地 日本
発売元 サントリースピリッツ

竹鶴ピュアモルト

飲みやすさを追求した竹鶴ブランドの渾身作

ニッカウヰスキーの余市と宮城峡の蒸溜所で造られた上質のモルトをバランスよくブレンド。なめらかな口当たり、甘く華やかな香り、ふくよかなコクが調和する、香り豊かで飲みやすいピュアモルト。樽香をともなうほろ苦い余韻も心地よい。

度数 43度
原産地 日本
発売元 アサヒビール

ブランデー

Brandy

ブランデーを使った代表的なカクテル
- サイドカー(→P140)
- アレキサンダー(→P178)
- ジャック・ローズ(→P179)

ブランデーとは?

What's Brandy?

同じブラウン・スピリッツであるウイスキーは穀物から造られているが、フルーツを原料とするブランデーは、フルーツの味わいや香りがふんだんに感じられるのが特徴。その芳醇さは、ブランデーが香りを楽しむスピリッツといわれる所以でもある。

起源は諸説あるものの、12～13世紀ヨーロッパでワインを蒸留したとの記録が残り、14世紀に流行していたペスト（黒死病）にかからない「生命の水(オー・ド・ヴィー)」として信じられ、広がっていった。

フランスの2大ブランデーのひとつ「コニャック」は、16世紀の宗教戦争によって土地が荒廃したコニャック地方で、ワインの品質低下を危惧してワインを蒸留したことに始まる。一方の「アルマニャック」は、これより古い蒸留の歴史をもっている。

ブランデーは一般的に、ブドウから造ったワインを蒸留した「グレープ・ブランデー」を指すが、広義ではサクランボや洋ナシなどから造られる「フルーツ・ブランデー」も含んでいる。

ブランデーの製造方法

How to Make Brandy

ワインを蒸留したことに始まるブランデーだが、現在はワイン用のブドウよりも糖分が少なく酸味の強い品種が用いられている。これらのブドウを圧搾して低温でゆっくりと発酵させ、蒸留する。

蒸留は、コニャック地方では「アランビック」と呼ばれるタマネギ型の単式蒸留器で2回、アルマニャック地方では半連続式の蒸留機で1回行われる。蒸留直後は無色透明に近いが、その後最低でも2年間の熟成を経る過程で樽材の成分が影響を与え、琥珀色へと変わっていく。

ブランデーの樽材にはフレンチ・オーク材が適しており、特に樽材に含まれるポリフェノールの種類で香りが左右される。

グレープ・ブランデーの基本的な製法

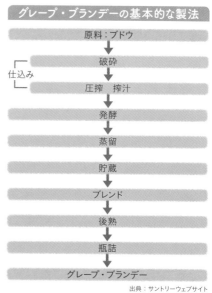

原料：ブドウ
↓
破砕 ┐仕込み
↓
圧搾　搾汁 ┘
↓
発酵
↓
蒸留
↓
貯蔵
↓
ブレンド
↓
後熟
↓
瓶詰
↓
グレープ・ブランデー

出典：サントリーウェブサイト

ヘネシー V.S

ブランデーを代表する コニャックの逸品

コニャックの3大ブランドのひとつ「ヘネシー」は、1765年に誕生した。このヘネシーV.Sは、芳醇なスパイスとフルーツの芳香を思わせるアロマが、フルーティーな香りとデリケートなバニラのニュアンスでさらに強調され、コニャックらしい力強さがある。それでいてエレガントでいきいきとした味わいに、魅了される。

度数 40度
原産地 フランス
発売元 MHD モエ ヘネシー ディアジオ

ブランデーの分類

グレープ・ブランデー	ブドウ原料のブランデー。フランス産のコニャックやアルマニャックのほか、ブドウの搾りかすから造られるマールや、イタリアのグラッパなどがある。
フルーツ・ブランデー	ブドウ以外のフルーツから造られたブランデーの総称で、サクランボ、洋ナシ、リンゴ、イチゴなど、さまざまなフルーツのものがある。

ブランデーの主要銘柄

マーテル VS シングル ディスティラリー

独自製法が生み出す
リッチでフルーティーな味わい

大手コニャック・ハウスの中で最古の歴史を誇るマーテル社の定番コニャック。単一蒸留所で造られるオー・ド・ヴィーのみをブレンドすることで、フルーティーな味わいとベルベットを思わせるなめらかな口当たりを実現。

度　数 40度
原産地 フランス
発売元 ペルノ・リカール・ジャパン

クルボアジェ V.S.O.P ルージュ

バラの貴婦人をイメージした
エレガントなコニャック

ナポレオンの妻で、バラの愛好家であったジョセフィーヌをイメージして造られた、香り高いコニャック。厳選されたブドウから生まれる繊細でエレガントな香味は、ストレートやオン・ザ・ロックでよりいっそう際立つ。

度　数 40度
原産地 フランス
発売元 サントリースピリッツ

レミーマルタン VSOP

最上級のブドウを用いた
高品質コニャック

コニャック地方の上位2地区のブドウのみを使用し、コニャック・フィーヌ・シャンパーニュだけを生産する唯一の大手メゾン（ワイン生産者）。長時間熟成された「レミーマルタンVSOP」は、豊かな香りと優雅さをあわせもった極上の味わいだ。

度　数 40度
原産地 フランス
発売元 レミー コアントロージャパン

カミュ VSOP

コニャックの最大手が贈る
軽やかなブランデー

1863年の創立以来、5世代にわたってコニャック造りに情熱を注いできた老舗ブランド。厳選されたオーク樽で熟成された原酒は、ソフトでフルーティーな果実香が特徴。ほんのりと漂うオークの香りも魅力になっている。

度　数 40度
原産地 フランス
発売元 アサヒビール

※V.S.はVery Special、V.S.O.P.はVery Special Old Pale、X.O.はExtra Oldの略

シャトー・ロバード V.S.O.P.

高級規格品にこだわった信頼のアルマニャック

「バ・アルマニャック」と称される高級規格品のみを生産するブランド、シャトー・ロバード。自家栽培されたブドウ本来のオリジナル・フレーバーを大切にしながら、オーク樽で熟成された骨太でフルーティーな味わいが特徴。

度　数 40度
原産地 フランス
発売元 明治屋

カルヴァドス ブラー グラン ソラージュ

リンゴの甘い香りが漂うフルーツ・ブランデー

アップル・ブランデーの代名詞でもあるカルヴァドスは、フランス・ノルマンディー地方で造られる蒸留酒。オーク樽で2～5年熟成させた原酒をブレンドすることで、フルーティーな香りとバニラを思わせる味わいが生まれている。

度　数 40度
原産地 フランス
発売元 サントリースピリッツ

ヴュー マール・ド・ブルゴーニュ・ア・ラ・マスコット

銘醸畑のブドウが生むマールの名品

由緒あるブドウ栽培家として知られるルイ・ジャドー社が造るのは、自社の銘醸畑で育ったブドウで醸造するブルゴーニュ・ワインの搾りかすを蒸留したマール。ラベルに描かれている酒神・バッカスが、マスコットという名の由来。

度　数 40度
原産地 フランス
発売元 日本リカー

G.E.マスネ・オードヴィー・フランボワーズ・ソヴァージュ 40°

世界初、フランボワーズを用いたブランデー

1913年にマスネ社が独自製法によって世界で初めて開発したフランボワーズのオー・ド・ヴィー。蒸留時の中間の、マイルドなところのみを使用しており、フランボワーズの繊細さがそのまま感じられるフルーティーな味わい。

度　数 40度
原産地 フランス
発売元 アルカン

リキュール
Liqueur

リキュールを使った代表的なカクテル
- カンパリ・ソーダ（→P142）
- カルーア・ミルク（→P144）
- スプモーニ（→P181）

リキュールとは？
What's Liqueur?

リキュールは、スピリッツ（蒸留酒）にハーブや果実、ナッツ、クリームなどを加えて香りを移し、甘味料や着色料などを添加した酒の総称。使用する主原料によって、フルーツ系、ハーブ・スパイス系、ナッツ・種子系、スペシャリティーズ系の4タイプに分類される。全体的にアルコール度数が高く、甘みも強いため、ほかの酒やフルーツ・ジュースなどとミックスして飲むのが一般的だ。

リキュールは、古代ギリシャ時代、ワインに薬草を溶かし込み、薬酒を造ったのが起源とされる。12～13世紀頃から蒸留酒に薬草を溶かし込む方法が広まり、色や香り、甘みを添加する工夫も盛んに。大航海時代を迎えると、新大陸で発見された果実や香辛料を取り入れてさらに多様化し、風味や色を重視したものに進化した。現在も新たなリキュールが誕生し続けており、その数は数百に上るともいわれている。

リキュールの製造方法
How to Make Liqueur

リキュールは大まかに、香味抽出、香味液調合、ブレンド、熟成、濾過仕上げの工程を経て完成する。原料から香味成分を抽出する香味抽出には、①浸漬蒸留法、②浸漬法、③果汁法、④エッセンス法の４つの方法があり、原料に適した方法を選択または組み合わせる。

次に、抽出香味液を単独または複数調合し、アルコール類や糖類、色素、水などをブレンドする。続いて、香りや味を安定させるため、短くて1か月、長い場合は3年ほどの期間をかけて熟成。その後、濾過フィルターを通して沈殿物などを取り除き、最後に瓶詰めをして製品化する。

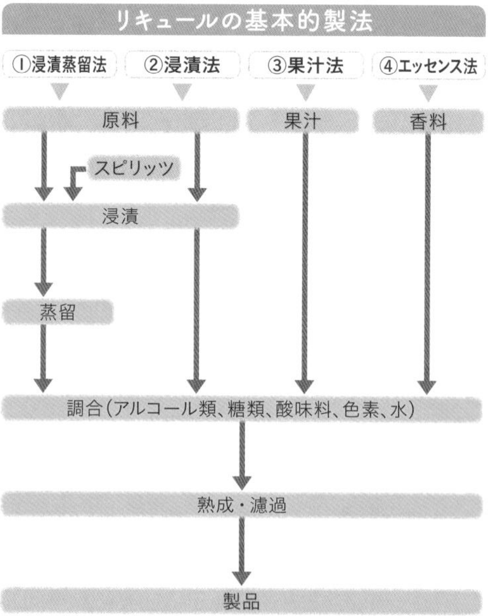

出典：サントリーウェブサイト

リキュールの分類

フルーツ系

フルーツの果皮や果肉、果汁から造られるリキュールで、種類が豊富。

系統	おもな材料
果皮類	オレンジ、マンダリン、レモン
果肉類	チェリー、アプリコット、モモ、ベリー、メロン、西洋ナシ
トロピカル・フルーツ系	バナナ、ココナッツ、ライチ、パイナップル、パッション・フルーツ

ハーブ・スパイス系

ハーブやスパイスから造られるリキュールで、クセ・独特の風味がある。

風味	おもなリキュール
苦味、薬草	カンパリ
アニス、リコリス	ペルノ、パスティス
香草、ミント	シャルトリューズ
バニラ、ハチミツ、苦味、アーモンド	ベネディクティン
アニス、バニラ、薬草	ガリアーノ
ウイスキー、ハチミツ、薬草	ドランブイ
その他	ペパーミント、グリーン・ティー

ナッツ・種子系

木の実や果実の種子、豆類などから造られるリキュールで、香ばしい風味。

系統	おもな材料
ナッツ系	ヘーゼルナッツ、クルミ、マカダミアナッツ
ビーン系	コーヒー、カカオ
カーネル※系	アンズの核

※カーネル：果実の核の中にある「仁（じん）」という部分のこと

スペシャリティーズ系

比較的新しく誕生したリキュールで、クリームや卵を使用したものなど。

系統	おもな材料
クリーム系	ウイスキー・ベース、ブランデー・ベース、チョコレート・クリーム、ストロベリー・クリーム
その他	卵、牛乳、ヨーグルト

リキュールの主要銘柄 フルーツ系

コアントロー

2種のオレンジ・ピールの香味が凝縮

スイートとビター、2種類のオレンジ・ピールをブレンドした、ホワイト・キュラソーの代名詞的存在。オレンジのみずみずしい香りとまろやかな甘みが特徴で、世界中のバーテンダーやシェフに愛されている。

度 数 40度
原産地 フランス
発売元 レミー コアントロー ジャパン

ヒーリング チェリー リキュール

名カクテルに不可欠な北欧の逸品

自家農園で収穫したチェリーを主原料としたブランデー・ベースのリキュール。3年以上の熟成を経たライト＆ナチュラルな味わいが特徴で、「シンガポール・スリング」（→P158）に使われ一躍有名に。

度 数 24度
原産地 デンマーク
発売元 サントリースピリッツ

ボルス ブルー

柑橘の風味を宿すブルー・キュラソー

素材を生かした味わいとスタイリッシュなボトルで支持を集める「ボルス」シリーズ。ボルスブルーは、鮮やかなブルーの色と力強いオレンジ・フレーバー、ユニークで心地よい後味でカクテルを演出する。

度 数 21度
原産地 オランダ
発売元 アサヒビール

キューゼニア アプリコットブランデー

熟成を経たまろやかな甘みと香り

カシス・リキュールで知られる名ブランド。フランス・ルーション地方の完熟アプリコットを厳選し、フレンチ・ブランデーに浸漬後、じっくりと樽熟成。果実の甘みと、香り高いブランデーの絶妙なハーモニーを楽しめる。

度 数 20度
原産地 フランス
発売元 リードオフジャパン

オリジナル・ピーチツリー

熟した桃の豊かな風味が特徴

世界中で愛される"桃本来の味わいを追求"したリキュール。熟した桃の豊かな風味が生きたライトでクリアな味わいが特徴で、手軽なワンミックス・カクテルから本格的なカクテルまで幅広く使える。

度 数 20度
原産地 オランダ
発売元 キリンビール

ルジェ クレーム ド カシス

伝統製法を守るカシス・リキュールの定番

1841年から造られているカシス・リキュールの元祖。厳選された良質のカシスを使用し、保存料・添加物を一切加えない伝統的な製法を守り抜く。フルーティーな香りと味わいが際立ち、数多くのカクテルに活用される。

度 数 20度
原産地 フランス
発売元 サントリースピリッツ

ゴードン スロージン

イギリスを代表する庶民的なリキュール

イギリスで古くから親しまれるスローベリー（西洋スモモ）が主原料。ドライ・ジンで有名なタンカレー・ゴードン社が造り上げたスロージンは、フレッシュな味わいとすっきりとした飲み口が特徴の本格派。

度数 26度
原産地 イギリス
発売元 ジャパンインポートシステム

ミドリ メロンリキュール

鮮やかな色彩に宿るメロンの風味

美しい緑色と、マスクメロン由来の甘くフルーティーな香りで、世界各国で愛されている日本生まれのメロン・リキュール。糖分を抑えながら、メロンの華やかな香味が引き立つ上品な味わいに仕上げている。

度数 20度
原産地 日本
発売元 サントリースピリッツ

マリブ

南国気分を高めるココナッツの香味

バルバドス産ラムをベースに、濃厚なココナッツの香りを引き出したココナッツ・リキュール。牛乳、パイン・ジュースで割る「ピニャ・コラーダ」(→P170)をはじめ、夏を感じさせるトロピカル・カクテルに欠かせない。

度数 21度
原産地 スペイン
発売元 サントリースピリッツ

ディタ・ライチ

楊貴妃が愛した魅惑のフルーツが主役

ライチのエレガントな甘みと香りを、世界で初めてリキュールにしたフランスのブランド。なめらかな口当たりと魅力的な香りで、カクテルのバリエーションを広げる。特に柑橘系ジュースとの相性がよい。

度数 21度
原産地 フランス
発売元 ペルノ・リカール・ジャパン

アリーゼ・ゴールド・パッション

カクテルを演出する天然果汁の色彩

フレンチ・ウオッカとコニャックに、パッション・フルーツ・ジュースをブレンド。天然果汁だけで出した色合いも美しく、ソーダやジュースなどさまざまな飲み物と合わせることができる、使い勝手のよいリキュール。

度数 16度
原産地 フランス
発売元 国分グループ本社

オルデスローエ・アナナス

ドイツの地酒と溶け合うパインの果実味

ドイツの蒸留酒「コルン」に天然のパイナップル果汁をブレンドした、風味豊かなパイナップル・リキュール。まろやかな甘みとフレッシュな酸味がバランスよく合わさり、南国情緒たっぷりの味わいが生まれる。

度数 15度
原産地 ドイツ
発売元 ユニオンフード

リキュールの主要銘柄　ハーブ・スパイス系

カンパリ

繊細な香りとほろ苦さで世界を魅了

鮮やかな赤色が印象的なカンパリは、1860年にイタリアで誕生。さまざまなハーブや果実を配合して造られ、洗練されたアロマと独特のほろ苦い味わいで唯一無二の存在に。世界中で愛される定番リキュールのひとつ。

度 数　25度
原産地　イタリア
発売元　CT Spirits Japan

スーズ

フランスが誇るビター系の代表的ブランド

リンドウ科の植物、ゲンチアナの根を原料としたリキュールで、画家のピカソやダリも愛飲したという。独特のほろ苦さと甘みが絶妙で、飲み方も幅広い。フランスではアペリティフ（食前酒）としてよく飲まれている。

度 数　20度
原産地　フランス
発売元　ペルノ・リカール・ジャパン

ペルノ

さわやかな飲み口のアニス・リキュール

アニス・シードをはじめ15種類のハーブが織り成すさわやかな味わいが魅力。美しく澄んだ黄緑色の液体は、水を加えるとミルキーな黄色に変化する。オレンジやパイナップルなどのフルーツ・ジュースと相性抜群。

度 数　40度
原産地　フランス
発売元　ペルノ・リカール・ジャパン

シャルトリューズ・ヴェール

門外不出のレシピが生む独特の味わい

400年以上前から、フランスのシャルトリューズ修道院で秘伝のレシピによって造られる。ミント系ハーブのさわやかな香りと、力強いスパイシーさを感じる独特な味わいに、樽熟成による魅力的な余韻が加わる。

度 数　55度
原産地　フランス
発売元　ユニオンリカーズ

ベネディクティン DOM

“長寿の秘酒”と謳（うた）われた薬酒がルーツ

16世紀、フランスのノルマンディー地方にあったベネディクト修道院で発明された“長寿の秘酒”を、1863年に同地のワイン商が復元。多種のハーブから成る複雑な香りと濃厚な甘みをもつ薬草系リキュール。

度 数　40度
原産地　フランス
発売元　サッポロビール

ガリアーノ オーセンティコ

ハーブの香り漂うまろやかな風味

地中海産のアニスなど30種類以上の原料を使用した、イタリア生まれのリキュール。アニスやハーブのさわやかな香りと、とろけるような風味をもち、カクテルのおいしさを引き立てる。明るい黄金色の液色も美しい。

度 数　42度以上43度未満
原産地　イタリア
発売元　アサヒビール

ドランブイ

ウイスキーの本場で生まれた奥深い味

1745年にスコットランドで誕生。スコッチ・ウイスキーとさまざまなハーブ、スパイスによる深い味わいが特徴的。ロックや水割りのほか、「ラスティ・ネイル」（→P177）などのウイスキー・カクテルにも多用される。

度数 40度
原産地 スコットランド
発売元 サントリースピリッツ

ペパーミント ジェット31

ミントのクリアな風味とほどよい甘さ

18世紀にフランスのボンボニエール蒸留所で生まれたミント・リキュールが起源。その後、ジェット兄弟により製品の原型が造られた。世界各国から厳選したミントのさわやかな風味と、ほどよい甘みのバランスが絶妙。

度数 24度
原産地 フランス
発売元 サッポロビール

ボルス パルフェ タムール

妖艶な色と香りを放つ花のリキュール

スミレやバラなどの花びらを原料とした、世界でもめずらしい花のリキュール。バニラやオレンジ・ピールなどを配合した妖艶な色合いと香りが印象的。「完璧な愛」という名で、恋人たちの喧嘩を止める力があるという。

度数 24度
原産地 オランダ
発売元 アサヒビール

ウニクム・ハーブ・リキュール

ハンガリー伝統のユニークな薬草酒

数多くの天然ハーブとスパイスが配合されており、ハンガリーでは200年以上前から健康酒として親しまれてきた。ヨーロッパではおもにストレートで飲まれるが、カクテルのベースにすれば独特の苦みが和らぐ。

度数 40度
原産地 ハンガリー
発売元 国分グループ本社

イエーガーマイスター

甘みや苦みが交錯する個性的な味わい

ドイツ語で「ハンティング・マスター」の意味をもつ。56種のハーブやスパイスが融合した、個性的な香りと味わいが特徴。ストレートのほか、ジンジャー・エールやアップル・ジュースなどとミックスするのもよい。

度数 35度
原産地 ドイツ
発売元 サントリースピリッツ

ジョシィー ティーリキュール アールグレイ

香り高い高級茶葉のエッセンスを抽出

ティーリキュールの代表格。ブレンドした紅茶の茶葉にベルガモット・オレンジの風味を付けたアールグレイ。そのほのかに甘い香りが際立つ。とりわけミルクとの相性がよく、女性好みのカクテルに最適。

度数 20度
原産地 フランス
発売元 リードオフジャパン

リキュールの主要銘柄　ナッツ・種子系

ディサローノ

アマレット・リキュールのパイオニア

イタリア北部のサローノの町でつくられる、1525年から変わらない個性と独自性を秘めたアマレット・リキュール。芸術の国・イタリアを象徴する個性的なボトルのデザインや、杏仁の香り、エレガントな甘みが特徴。

度数　28度
原産地　イタリア
発売元　ウィスク・イー

フランジェリコ

多様なシーンで活躍するイタリアの名酒

北イタリア・ピエモンテ州のヘーゼルナッツを主原料とし、コーヒーやカカオなどのエッセンスを加えることで、絶妙な香りと味わいを実現。カクテルはもちろん、食前酒や製菓にも幅広く使用される。

度数　20度
原産地　イタリア
発売元　CT Spirits Japan

カルーア コーヒー リキュール

世界で最も有名なコーヒー・リキュール

香り高くローストした良質のアラビカ種コーヒー豆と、バニラのまったりとした甘さが絶妙にマッチ。甘く芳醇な香りとコクの深い味わいを誇り、「カルーア・ミルク」をはじめ、さまざまなカクテルで親しまれる。

度数　20度
原産地　アメリカ
発売元　サントリースピリッツ

ボルス クレーム・ド・カカオブラウン

心地よいダーク・チョコレートのほろ苦さ

ローストしたカカオ豆からダーク・チョコレートのフレーバーを抽出。オレンジやバニラの香りがほのかに漂い、ほろ苦さと甘さのバランスが絶妙。ブランデー・ベースの「アレキサンダー」(→P178) でもおなじみ。

度数　24度
原産地　オランダ
発売元　アサヒビール

ゴディバ チョコレートリキュール

名門ショコラトリーの技と感性を結集

チョコレートの名門「ゴディバ社」の質の高い職人技と芸術性を体現したチョコレートリキュール。絹のようになめらかな舌触りと、上品で香ばしいカカオの香りをともなう、濃厚でまろやかな風味に定評がある。

度数　15度
原産地　アメリカ
発売元　ディアジオ ジャパン

パトロン・XO・カフェ

天然コーヒーが香るドライな飲み口

テキーラ・ブランド「パトロン」(→P50) のこだわりが詰まったコーヒー・リキュール。天然コーヒー100%の香りとコク、上質なテキーラの風味がバランスよく合わさった、甘さ控えめのドライな味わいが特徴。

度数　35度
原産地　メキシコ
発売元　サッポロビール

スペシャリティーズ系

モーツァルト チョコレート クリーム リキュール

音楽の都で生まれた甘美なリキュール

モーツァルトの生誕地、オーストリア・ザルツブルグで誕生。上質なカカオと生クリームを贅沢に使用した、とろけるようなチョコレートの味わいが魅力。ミルク割りやアイスクリームにかけて気軽に楽しめる。

度数 17度
原産地 オーストリア
発売元 サントリースピリッツ

ベイリーズ オリジナル アイリッシュクリーム

芳醇な味わいのクリーム系の代表格

1974年にアイルランドで誕生した、世界的に有名なクリーム系リキュール。新鮮なクリームとアイリッシュ・ウイスキーなどを使い、とろけるようなリッチな味わいに。コーヒーや紅茶で割っても美味。

度数 17度
原産地 アイルランド
発売元 ディアジオ ジャパン

ジャック ダニエル テネシーハニー

ハチミツの風味をまとう伝統的ウイスキー

テネシー・ウイスキーの代名詞「ジャック ダニエル」をベースにハチミツのまろやかな風味を加えたリキュール。ハチミツの上品な甘みとロースト・ナッツのような香ばしさをあわせもち、芳醇でなめらかな余韻が訪れる。

度数 35度
原産地 アメリカ
発売元 アサヒビール

カウベル・ミルク・リキュール

生乳のナチュラルな風味を追求

ドイツのヴェアポーテン社が造る、純粋な生乳の風味を追求した本格的なミルク・リキュール。ミルクの旨みが広がるコクのある風味が持ち味で、チョコレート・リキュールやフルーツ系リキュールと合わせやすい。

度数 17度
原産地 ドイツ
発売元 ドーバー洋酒貿易

ワニンクス アドヴォカート

オランダの伝統的な卵酒のリキュール

300年以上の歴史と伝統を誇る名門リキュール・メーカー、デカイパー社が造る、リッチな風味が人気のリキュール。カスタードクリームのような濃厚な味わいが特徴。

度数 17度
原産地 オランダ
発売元 キリンビール

トロピカル・ヨーグルト

ヨーグルトの甘みと果実の酸味が絶妙

ドイツ北部の古都、ハーゼルンネの歴史ある蒸留所で誕生。コクのあるヨーグルトの甘みとフルーツの酸味のバランスがほどよく、カクテルの幅を広げる。日本のカクテル界では「ヨギ」の愛称で知られる。

度数 15度
原産地 ドイツ
発売元 ユニオンリカーズ

ワイン
Wine

ワインを使った代表的なカクテル

- キール(→P146)
- バンブー(→P148)
- ミモザ(→P150)

ワインとは?
What's Wine

ワインは果物の醸造酒の総称で、主としてブドウの果実から造られるものを指す。その歴史は古く、紀元前5000年頃の古代メソポタミア文明でワイン造りを示す記録が残されているほどだ。紀元前1世紀頃までにドイツやフランスまで伝わり、中世以降はキリスト教の普及とともに世界各国でワイン造りが盛んになった。現在でも、フランス、イタリアなどのヨーロッパをはじめ、アメリカやチリ、日本などで、産地に適したブドウを使った多彩なワインが造られている。

赤・白・ロゼなど色で識別されることが多いが、一般的には製造方法の違いによって、スティル・ワイン、スパークリング・ワイン、フォーティファイド・ワイン、フレーバード・ワインの4つに分類される。そのまま飲むのはもちろん、各ワインの特性を生かしたカクテルで、ひと味違った味わいを楽しむのもよい。

ワインの製造方法
How to Make Wine

ワイン造りは、伝統的な赤ワインの製法が基礎となっている。まず成熟したブドウの実を潰し(破砕)、果梗(軸)を取り除いた後、果皮や種子ごとタンクに入れて発酵させる。発酵後、圧搾機にかけて果皮と種子を取り除き、樽またはタンクで熟成。その過程で上澄みだけを移し替える「澱引き」を何度か繰り返し、熟成後の濾過処理を経て完成に至る。白ワインにほとんど色が付かないのは、発酵前に圧搾して果皮や種子が取り除かれるため。ロゼ・ワインは、発酵の途中で種子と果皮を取り除くのが一般的で、赤と白の中間的な淡いピンク色に染まる。

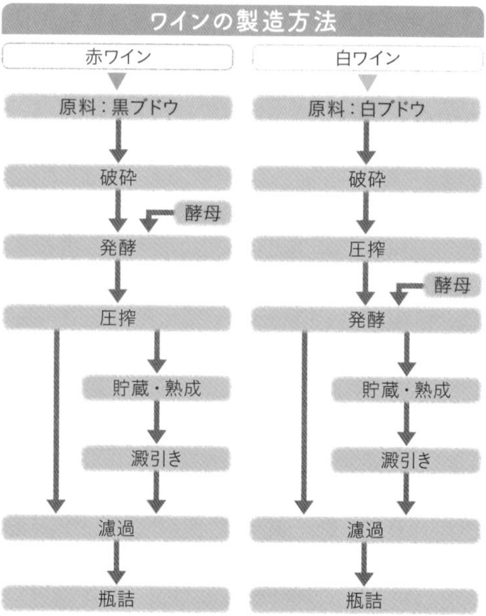

世界のおもなワイン産地

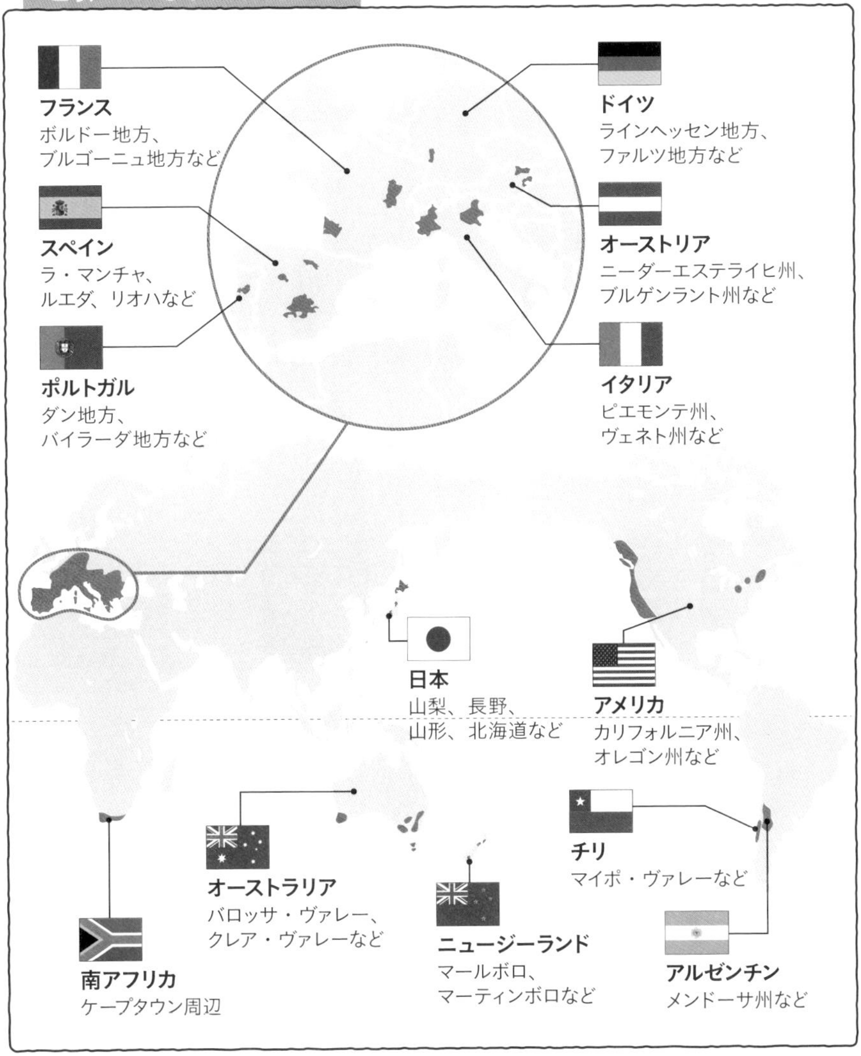

ワインの分類

スティル・ワイン	スティル(still)は「静かな」という意味で、炭酸ガスによる発泡性がないワインのこと。赤、白、ロゼの3種類がある。
スパークリング・ワイン	発泡性のあるワインのこと。フランスのシャンパン、スペインのカヴァ、イタリアのスプマンテ、ドイツのゼクトなどが有名。
フォーティファイド・ワイン	醸造過程でアルコールや糖分を加えた酒精(しゅせい)強化ワイン。スペインのシェリーや、ポルトガルのポート・ワイン、マデイラ・ワインなど。
フレーバード・ワイン	スティル・ワインに薬草や香草、果実、甘味料、アルコールなどを加え、独特の風味に仕上げたもの。ベルモットが代表的。

ワインの主要銘柄

モエ・エ・シャンドン モエ アンペリアル

端正な味と香りで魅了する
シャンパンのトップ・ブランド

皇帝ナポレオンも愛したシャンパンの名品。鮮やかな香り、豊かなコクと繊細さをあわせもつエレガントな味わいは、3種類のブドウの完璧な調和によるもの。きめ細かな泡立ちとともにきらめく、ゴールドを帯びた色合いも美しい。

度　数 12度
原産地 フランス
発売元 MHD モエ ヘネシー ディアジオ

ジャカール・モザイク・ブリュット（白）

3年以上の熟成にこだわり
しなやかで上品な味わいに

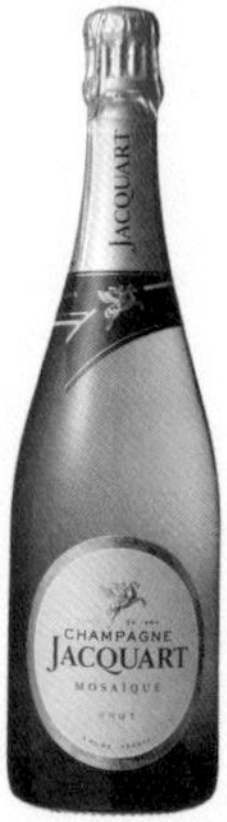

シャルドネをはじめ3種のブドウを使い、規定よりも2倍以上長い3～4年の熟成を経て造られる。口当たりはパワフルでありながらも、味わいはエレガント。繊細な泡立ちが長く続き、洋ナシを思わせるフルーティーな香りが広がる。

度　数 12.5度
原産地 フランス
発売元 国分グループ本社

フレシネ コルドン ネグロ

スペインで培われた
すっきりとさわやかな飲み口

スペインのスパークリング・ワイン、カヴァの代表的ブランド「フレシネ」の看板銘柄。瓶内二次発酵など独自のこだわりにより、きめ細かな泡立ちと芳醇な香り、柑橘系の酸味が効いたドライな飲み口に。さまざまな料理に合わせやすい。

度　数 11.5度
原産地 スペイン
発売元 サントリーワイン インターナショナル

キュヴェ・ラトゥール・ルージュ

ピノ・ノワール種の特徴を
体現するファイン・ワイン

造り手は、フランス・ブルゴーニュ地方で200年以上も続く家族経営のルイ・ラトゥール社。名産地のコート・ドール南部産のピノ・ノワール種を厳選し、スミレのような上品な香りと繊細な味わいのミディアム・ボディに仕上げている。

度　数 13度
原産地 フランス
発売元 アサヒビール

M.シャプティエ・コート・デュ・ローヌ・ブラン・ベルルーシュ

数種類のブドウが織り成す
芳醇かつフレッシュな味わい

南フランスの銘醸地、コート・デュ・ローヌの老舗ワイナリーが、グルナッシュ・ブランやヴィオニエなど複数のブドウ品種から造る白ワイン。果実の風味と酸味、まろやかさが調和した上品な味わい。フルーティーなやさしい香りも魅力。

度　数　14度
原産地　フランス
発売元　サッポロビール

ティオ・ペペ

シェリーの名を世界に広めた
ドライ・シェリーの代名詞

黄金色に輝く優雅な色合いとシェリー特有の香りが特徴的な、辛口ドライ・シェリーの定番。1835年、創始者のマヌエル氏がおじの好みに合う辛口のシェリーを「ティオ・ペペ（ペペおじさん）」と命名して販売したのが始まり。

度　数　15度
原産地　スペイン
発売元　メルシャン

ノイリー・プラット ドライ

「ドライ・マティーニ」に不可欠な
フレンチ・ベルモット

フレーバード・ワインの一種、ベルモットの代表銘柄。白ワインに20種以上のハーブを加えた豊かでエレガントな味わいが特徴で、「ドライ・マティーニ」に欠かせない存在。加熱後もコクが保たれることから、フランス料理にも重宝される。

度　数　18度
原産地　フランス
発売元　サッポロビール

チンザノ・ベルモット・ロッソ

かすかに甘く、ほろ苦い
イタリア伝統のベルモット

イタリア・トリノで260年以上前に誕生。ブランド最古の「ロッソ」は、白ワインに複数のハーブ、スパイスなどをブレンドし、カラメルで色付けした甘口仕立て。食前酒やカクテル、ロックなどで独特のほろ苦さとナチュラルな甘さを楽しめる。

度　数　15度
原産地　イタリア
発売元　CT Spirits Japan

ビール
Beer

ビールを使った代表的なカクテル
- レッド・アイ（→P152）
- シャンディー・ガフ（→P187）
- ブラック・ベルベット（→P187）

ビールとは？
What's Beer?

ビールは、大麦を発芽させた麦芽、水、ホップを主原料に、コーンスターチや米などの副原料を加え、ビール酵母で発酵させた醸造酒。ほかの酒類に比べてアルコール度数が低く、炭酸ガスを含み、ホップに由来する独特の香りや苦みをもつ。

ビールは発酵方法によって大きく3つに分けられ、常温・短期間で発酵させるものを「上面発酵ビール」、低温・長期間で発酵させるものを「下面発酵ビール」、天然酵母を使い1～2年熟成させたものを「自然発酵ビール」と呼ぶ。

このうち、上面発酵ビールと下面発酵ビールが現在の主流で、前者は香りや風味が濃厚、後者はすっきりと穏やかな味わいが特徴。酵母のタイプや麦芽の色などにより、さらに細かく分類することができる。カクテルには下面発酵ビールがよく使われるが、上面発酵ビールの特色を生かし、個性的な味わいを出すのもよいだろう。

ビールの製造方法
How to Make Beer

ビール造りは、原料の大麦を発芽させて麦芽に変える「製麦（せいばく）」から始まる。発芽した大麦を乾燥する際の強度によって麦芽の色が変化し、ビールの色彩や香りに反映される。

次に、細かく砕いた麦芽に水や副原料を加え、酵素の働きでデンプン質を糖化させ、甘い「麦汁（ばくじゅう）」を作る。この麦汁を濾過（ろか）した後に、ホップを加えて煮沸し、独特の香りと苦みを付ける。

続いて、冷却した麦汁に酵母を加え、1週間ほど発酵させる。発酵が完了した「若ビール」を、約0度に保った貯酒タンクで約1か月間貯蔵して、熟成させる。最後に濾過処理で不純物を取り除き、透明感のあるビールに仕上げる。

ビールの製造工程

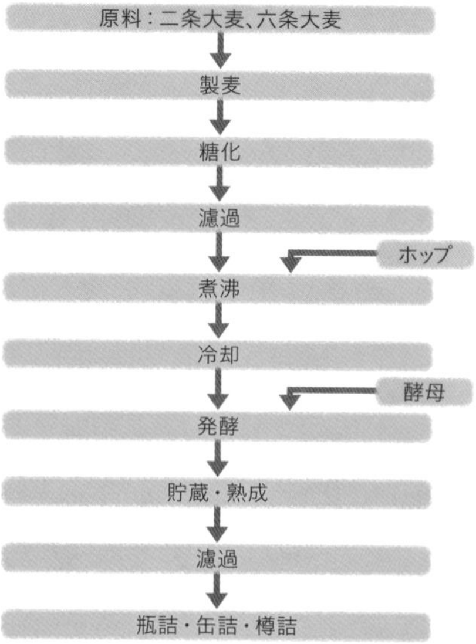

ハートランドビール

1986年から変わらぬ素材と製法でビール本来のおいしさを追求

「素（そ・もと）」というコンセプトにもとづき、ビールの原点である麦芽、アロマホップ、水というシンプルな素材のみで造られている。素材の味を引き出したやさしい味わい、穏やかな苦みとすがすがしい香りが特徴。

度数 5度
原産地 日本
発売元 キリンビール

ビールの分類

下面発酵ビール	淡色	ピルスナー麦芽を使ったピルスナーが代表的。日本のビールのほとんどがこのタイプ。ほかに、アメリカのライト・スピルナーなどがある。
	中等色	やや重いが苦みは弱い、オーストリアのウィーン・ビールが代表的。エキス分、アルコール分がやや高いのが特徴。
	濃色	麦芽などを使ったドイツの黒ビールや、ホップを効かせて低温で熟成した濃色ボック・ビールなどがある。日本の黒ビールもおもにこのタイプ。
上面発酵ビール	淡色	イギリスのペール・エールやドイツのケルシュ、ヴァイツェン・ビールなどが代表的。全般的に香味や苦みが強め。
	中等色	イギリス産エールのなかでも、特に強い苦みをもつビター・エールが代表的。
	濃色	大量のホップと着色用に焦がした特殊麦芽を使用したイギリスのスタウト、ドイツのアルトなどがこれに当たる。
自然発酵ビール		ホップを大量に使用し、培養酵母を使わずに自然発酵させたビール。独特の香りと酸味をもつベルギーのランビックが代表的。

ギネス オリジナル エクストラ スタウト

1821年のレシピを引き継ぐスタウト

世界150か国以上で愛飲されている、アイルランドで誕生した世界No.1のスタウト・ビール。香ばしくさわやかなキレ味が特徴の、ギネスの伝統と味わいが凝縮された一本。

度数 5度
原産地 アイルランド
発売元 キリンビール

ハイネケン

世界中で愛されるバランスのとれた味わい

1873年にオランダ・アムステルダムで誕生した、麦芽100%のヨーロッパNo.1プレミアム・ビール。世界192か国で愛飲される、バランスのとれた味わいとフルーティーな香りが特徴。

度数 5度
原産地 日本
発売元 キリンビール

サッポロ生ビール 黒ラベル

進化を続ける日本の伝統ビール

麦の旨みとさわやかな後味が特徴の「黒ラベル」は、ビールファンから根強い人気を誇る日本の伝統ビール。生ビールとしての完成度を高めるため、製造方法を工夫し、より白く美しい泡を実現している。

度数 5度
原産地 日本
発売元 サッポロビール

ザ・プレミアム・モルツ

厳選素材の華やかな香りとリッチなコク

旨み成分が豊富なダイヤモンド麦芽や、香り豊かな欧州産アロマホップを使用し、華やかな香り、深みのあるコクと旨みを実現。阿蘇や武蔵野など、良質な天然水を有する国内4か所のビール工場で造られる。

度数 5.5度
原産地 日本
発売元 サントリービール

キリン一番搾り生ビール

「一番搾り製法」で麦の旨みを最大限に

麦汁濾過（ばくじゅうろか）工程で最初に流れ出る「一番搾り麦汁」だけを使用する「一番搾り製法」により、麦本来の旨みが感じられるビール。調和のとれた雑味のない味わいが特徴。

度数 5度
原産地 日本
発売元 キリンビール

アサヒスーパードライ

日本の「辛口ビール」のパイオニア

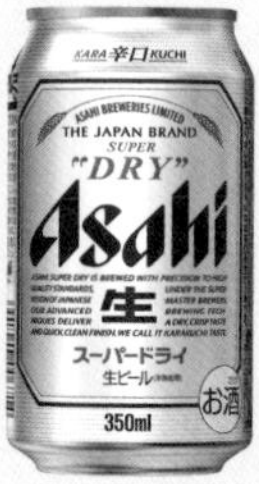

1987年に誕生した日本初の「辛口生ビール」。原料選びや製法の工夫などにより、のどごしのよさと、雑味のないクリアな味わいを実現し、ビールの新常識を作った。カクテルもすっきりとした味に仕上がる。

度数 5度
原産地 日本
発売元 アサヒビール

日本酒
Nihonshu

日本酒を使った代表的なカクテル
●四季彩（→P188）

日本酒とは?
What's Nihonshu?

日本酒は、米と米麹、水を原料にして造られる醸造酒。大きく「特定名称酒」と「普通酒」に分けられ、特定名称酒はさらに原料や精米歩合（米の磨き具合）によって8種類に分類される。これらは、米と米麹のみを使用した「純米酒系」と、米・米麹のほかに規定量内の醸造アルコールを加えた「本醸造酒系」に分けられ、それぞれ、米の精米歩合によって大吟醸酒や吟醸酒などに区分されている。

一般に、純米酒系は米の旨みを生かした濃醇な飲み口で、本醸造酒系はすっきりとした香り高い風味であるのが特徴。また、どちらの系統も精米歩合の値が低いほど雑味の少ない、すっきりと上品な味わいになる傾向がある。

このほか、原料米の種類や製法のわずかな違いによっても香りや風味に個性が生まれる。最近では、洋食などにも合わせやすいスパークリング日本酒も増えている。

日本酒の製造方法
How to Make Nihonshu

日本酒造りは、原料米の下ごしらえにあたる精米、洗米・浸漬、蒸米から始まる。強い蒸気で蒸して仕上げた蒸し米は、後に控える「麹造り」「酒母造り」「もろみ造り」にそれぞれ使われる。麹造りは、酒の仕上がりにかかわる重要な工程。蒸し米に麹菌を繁殖させ、酒母やもろみのデンプン質を糖化させる酵素をもつ麹を造る。次に、麹、水、蒸し米、酵母などから酒母（酛）を造る。続いて、酒母の入ったタンクに水、麹、蒸し米を順次投入して、もろみを造る。

もろみを発酵させ、搾って生酒と酒粕とに分け（上槽）、不純物を取り除き（澱引き・濾過）、火入れを行い、貯蔵して熟成させる。その後に、調合や火入れを行って瓶詰めし、完成となる。

日本酒造りの流れ（蒸米～発酵）

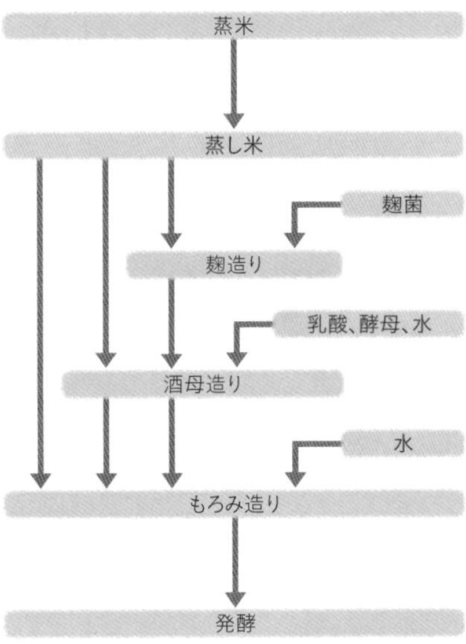

出典：『ゼロから始める日本酒入門』

獺祭（だっさい）
純米大吟醸45

日本酒新時代を切り拓いた
獺祭ブランドのスタンダード

副材料不使用、精米歩合（せいまいぶあい）50%以下の純米大吟醸酒のみを造るポリシーのもと、世界的ブランドに成長した「獺祭」のスタンダード。酒米の王様「山田錦」を45%まで磨いて醸（かも）し、華やかな香りと米本来の繊細な甘みが引き立つ透き通った味わいに。日本酒ファンはもちろん、日本酒の初心者にもおすすめの一本だ。

度数 16度
原産地 山口県
発売元 旭酒造

日本酒の分類

純米酒系	米、米麹（こめこうじ）、水のみで造る。米本来の旨みやコクが生きる、ふくよかな味わいの酒が多い。高精米の吟醸酒・大吟醸酒は香りも立つ。
本醸造酒系	米、米麹、水に、規定量内の醸造アルコールを加えたもの。風味のバランスが整った、香り高くすっきりとした味わいの酒が多い。
普通酒	規定量以上の醸造アルコールの添加や、精米歩合が71%以上など、特定名称酒の規定から外れた酒を指す。大量生産が可能で、国内流通量の約7割を占める。

日本酒の主要銘柄

大吟醸 特製ゴールド賀茂鶴

桜の花びら型金箔がきらめく
目にも舌にも優美な味わい

昭和33年に金箔入り大吟醸酒の先駆けとして発売された「賀茂鶴」の代表銘柄。広島県産の酒造好適米と清らかな伏流井水でていねいに仕込んだ、優雅な香りと芳醇な味わいが特徴。桜の花びら型の金箔入りで、慶祝やもてなしの席に最適。

度数 16〜17度
原産地 広島県
発売元 賀茂鶴酒造

真澄 純米大吟醸 山花

海外でも人気を博す
可憐な花を思わせる風味

早春の八ヶ岳に咲く可憐な花々をイメージして醸した「真澄」の純米大吟醸酒。「山田錦」と七号系自社株酵母から生み出される、みずみずしい香りとなめらかな味わいは、和洋の魚介料理などによく合い、海外でも抜群の人気を誇る。

度数 15度
原産地 長野県
発売元 宮坂醸造

ヌーベル月桂冠 純米吟醸

ワイン感覚で楽しみたい
香り高くさわやかな食中酒

精米歩合60%にまで磨き上げた良質な国産米のみを使用。華やかでフルーティーな香りと、米の旨みを宿したすっきりとした味わい、キレのある後味が特徴。高級感あるレトロ調のボトルもおしゃれな、冷温・常温向きの純米吟醸酒。

度数 15〜16度
原産地 京都府
発売元 月桂冠

特撰松竹梅<本醸造>

上質の素材と仕込みが生む
芳醇な"よろこびの酒"

京の酒処・伏見で誕生し、慶祝の場にふさわしい"よろこびの酒"として長く親しまれている「松竹梅」。この特撰本醸造酒は、麹米に酒造好適米の「五百万石」を使用。米を丹念に磨き、手間をかけて仕込んだ芳醇な味わいが好まれている。

度数 15度
原産地 京都府
発売元 宝酒造

焼酎
Shochu

焼酎を使った代表的なカクテル
● 舞・乙女（→P188）

焼酎とは？
What's Shochu?

焼酎は、穀類やイモ類などから造られる日本で最も古い蒸留酒だ。製造方法の違いによって、「連続式蒸留焼酎」（旧・甲類焼酎）と「単式蒸留焼酎」（旧・乙類焼酎）の2種に分けられる。

連続式蒸留焼酎は、クセのないすっきりとした味わいが特徴で、カクテルや酎ハイなどに応用しやすい。もう一方の単式蒸留焼酎は、「本格焼酎」とも呼ばれ、原料独特の風味や味わいが引き出されるため、米や麦のほか、サツマイモや黒糖といった多彩な原料が使われることが多い。

古典的な単式蒸留の技術が日本にもたらされたのは15世紀頃。諸説あるが、現在のタイから海上ルートで琉球（沖縄）に伝わり、薩摩（さつま）（鹿児島）から九州全土に伝わったという説が有力だ。本州に比べて気温が高く、日本酒造りが難しかったこともあり、焼酎造りはその後も九州を中心に発展。今も日本の焼酎文化を牽引している。

なお、沖縄県特産の泡盛も酒税法上は単式蒸留焼酎に分類される。

焼酎の製造方法
How to Make Shochu

「本格焼酎」とも呼ばれる単式蒸留焼酎は、伝統的な製法にもとづいて造られる。最初に原料処理をした米や麦などに麹菌（こうじきん）を繁殖させ、麹を造る（製麹（せいきく））。続いて、麹と水に培養酵母を加え、アルコール発酵を促す酒母（しゅぼ）を造り（一次仕込み）、蒸した主原料に酒母と水を加えてもろみを造る（二次仕込み）。

その後、発酵が済んだもろみを単式蒸留器（→P52）に入れて蒸留する。その蒸留液をタンクなどに移し替え、1か月〜半年間ほど熟成させる。これにより雑味が軽減し、主原料特有の香味が増す。仕上げに割り水を加えてアルコール濃度を調整し、完成させる。

単式蒸留焼酎の製造方法

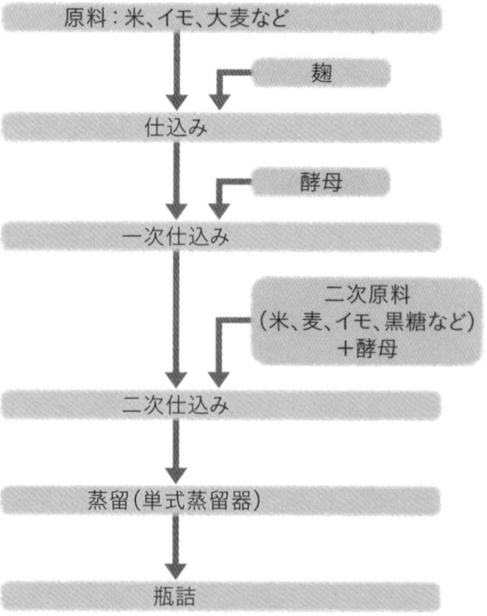

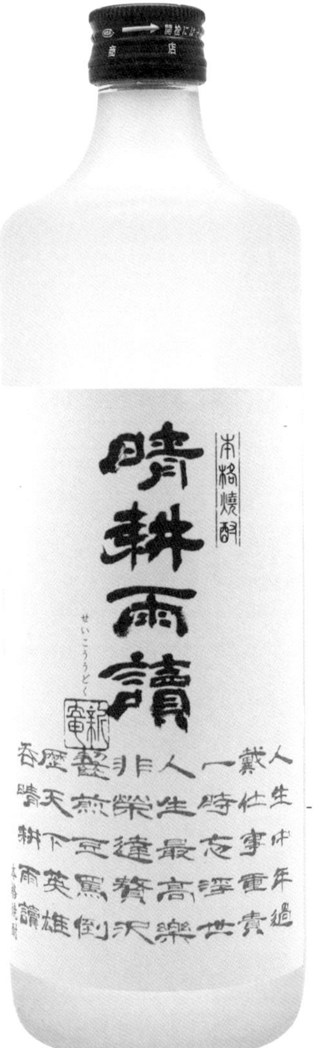

晴耕雨讀（せいこううどく）

イモ焼酎に米焼酎をプラス 初心者も飲みやすい人気銘柄

鹿児島県産のサツマイモ「黄金千貫（こがねせんがん）」と、蔵の地下水で仕込んだイモ焼酎に、少量の米焼酎をブレンド。イモの風味と米のすっきりとした甘みが絶妙に調和する。イモの風味が主体ながら、酸のキレもほどよく備わり、イモ特有のクセに不慣れな初心者も手に取りやすい。味わい方はロック、お湯割りなどオールマイティーに。

度　数 25度
原産地 鹿児島県
発売元 佐多宗二商店

焼酎の分類

連続式蒸留焼酎（旧・甲類焼酎）	原料を糖化・発酵させたもろみを連続式蒸留機で蒸留した、アルコール度数36度未満の焼酎。比較的クセがなく、すっきりとした味わい。
単式蒸留焼酎（旧・乙類焼酎）	原料を糖化・発酵させたもろみを単式蒸留器で蒸留した、アルコール度数45度以下の焼酎。原料の風味が残るため、個性的な味わいに仕上がる。

iichiko SPECIAL（いいちこ スペシャル）

甘い香りと旨みが広がる 長期貯蔵の本格麦焼酎

本格麦焼酎の代表格「いいちこ」のプレミアム・タイプ。新しい酵母による造りと、永い熟成期間を重ねて醸(かも)し、理想とした「ふくらむ香り、まろやかな深み」を実現。その上質な味わいは、国際的なコンペティションでも高く評価されている。

度　数 30度
原産地 大分県
発売元 三和酒類

富乃宝山（とみのほうざん）

焼酎の新境地を拓いた 香りと旨みのコンビネーション

厳選された「黄金千貫(こがねせんがん)」を黄麹でていねいに仕込んだイモ焼酎。低温発酵によるマスカットのようなさわやかな香りをもち、口に含むとイモの甘みと旨みをしっかりと感じることができる。まずはロック・水割りで堪能したい、淡麗旨口(たんれいうまくち)。

度　数 25度
原産地 鹿児島県
発売元 西酒造

紅乙女ゴールド 38度 720mℓ

芳醇なゴマの香に包まれる 熟成された豊かな味わい

ゴマの香り高い風味を生かし、長期熟成されたゴマ焼酎。芳醇なゴマの香りと、長期貯蔵によるやわらかな味わいが特徴で、なめらかな余韻も楽しめる。2013・2015年に福岡県酒類鑑評会で金賞を受賞した、紅乙女のフラッグシップ的存在。

度　数 38度
原産地 福岡県
発売元 紅乙女酒造

宝焼酎「純」25度

緻密なブレンドによる 冴え渡る"純"なうまさ

1977年に誕生したロングセラー・ブランド。大麦、トウモロコシなどを原料とした11種類の樽貯蔵熟成酒を13%使用。この黄金比率により、まろやかな口当たりと、すっきりとした後味に。そのままでも、食事と一緒にでも、自在に楽しめる。

度　数 25度
原産地 京都府
発売元 宝酒造

chapter 3

カクテルを作ろう

カクテルの基本やベースとなる酒について
押さえたら、カクテルの道具や副材料、
カクテルを作る基本技法についても知ろう。
“カクテル作りの方程式”を頭に入れたら、
自分でカクテルを作ってみよう！

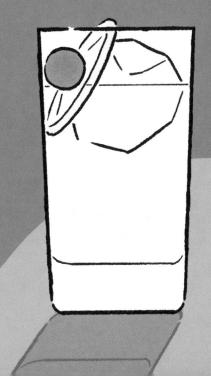

カクテルの道具

カクテルを作る道具には、普段は目にしないような専用のものがいろいろとある。カクテルを混ぜるためのもの、氷やフルーツを扱うためのものなど、バーではさまざまな道具が使われる。それらに注目すると、カクテルがより味わい深いものになるだろう。

カクテル作りに使われるおもな道具は、シェーカー、メジャー・カップ、バー・スプーン、ミキシング・グラス、ストレーナー、ブレンダーなど。どれを使用するかは、カクテルの作り方（→P89 〜 94）によって異なる。バーテンダーが各道具を使いこなしてカクテルを作る過程も、カクテルを楽しむ要素。その様子をじっくり眺めてみよう。また、道具類のメンテナンス状態を見れば、そのバーの姿勢や実力がわかる。

これらの道具は、調理道具の専門店や通信販売などで入手できる。家でカクテルを作りたいと思ったら、基本的な道具から少しずつそろえていくとよいだろう。

シェーカー

カクテルをシェークするのに使うステンレス製の容器。材料を混ぜ合わせて冷やし、口当たりをやわらかくする。トップ、ストレーナー、ボディの３パーツから成る。大・中・小の３サイズあるが、大か中が主流。

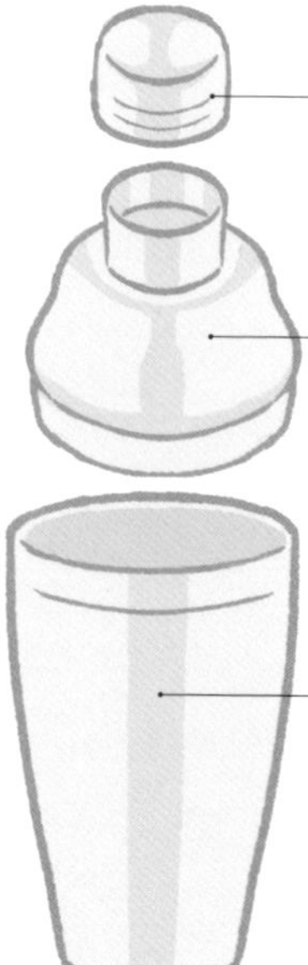

トップ
材料を入れてから装着するフタの部分。
ストレーナー
液体だけを注げるように濾す部分。
ボディ
材料や氷を入れる本体部分。

メジャー・カップ

カクテルの材料を素早く正確に計るための道具。一方が30mℓ、もう一方が45mℓになっているものが一般的。

使い方

くびれ部分を人差し指と中指で挟み、材料を注ぐときは手首を返して傾ける。

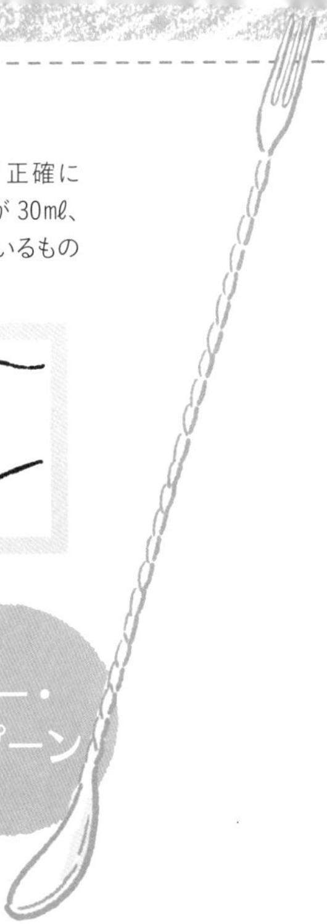

バー・スプーン

長いらせん状の柄の両端にスプーンとフォークが付いている。スプーンでは材料をかき混ぜたり分量を計ったりし、フォークは瓶などから材料を取り出すときに使う。「1tsp.(ティー・スプーン)」はバー・スプーン1杯（＝約5mℓ）。

ストレーナー

ミキシング・グラスからカクテルをグラスに注ぐときに、氷が入らないように液体だけを通す道具。ミキシング・グラスのサイズに合うものを使う。

ミキシング・グラス

比較的混ざりやすい液体同士をミックスしたり、風味が繊細な材料を手早く静かに混ぜたりする際に使う、厚手の大型グラス。

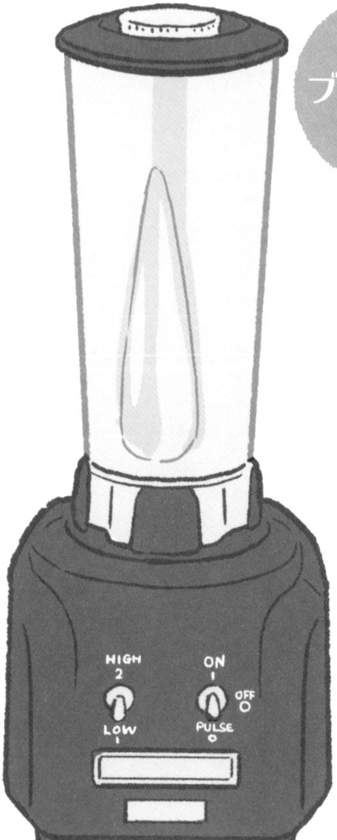

ブレンダー

いわゆるミキサーのこと。カクテル専用のものもあるが、家庭用ミキサーでも十分。フローズン・スタイル（→ P17）のカクテルに重宝する。

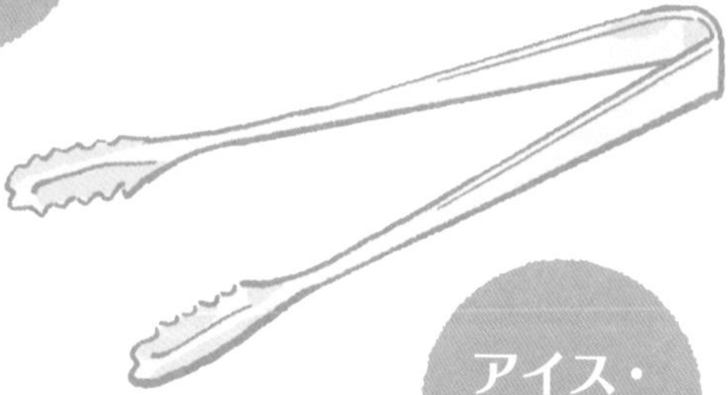

アイス・トング

グラスやシェーカーに氷を入れるときに使う。氷が滑り落ちないように挟む部分がギザギザになっている。

アイス・ピック

各カクテルに合う大きさに氷を砕くための道具。先の部分が短いものはこぶし大の氷に、長いものはそれより大きい氷に使う。ある程度重量感のあるものが使いやすい。

使い方

両手首をぶつけるようにして氷を砕く。

アイス・ペール

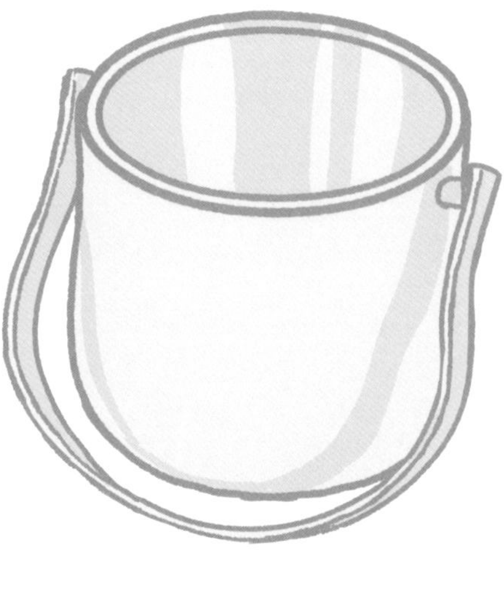

カウンターやテーブル上で氷を保管しておくためのステンレス製の容器。底に水切り用の仕切りがあるものがベター。

スクイーザー

レモンやオレンジ、グレープフルーツ、ライムなどの柑橘類の果汁を搾るための道具。横半分に切った柑橘類の断面を、中央の突起に押し当てる。

ペストル

グラスやシェーカーの中でフルーツやミントの葉などを潰すための木製や金属製の道具。豊かな香りや果肉感を演出できる。

ビターズ・ボトル

ビターズ（強い苦みと芳香のあるリキュール）を入れる専用の容器。一振りしたときに出る分量を「1dash（ダッシュ）」（＝約 1mℓ）、ボトルを逆さまにして自然に落ちる 1 滴を「1drop（ドロップ）」（＝約 1/5mℓ）という。

ペティ・ナイフ

刃渡り 12cm ほどの小さな包丁。フルーツをカットしたりピールを作ったりするなど、細かい作業に向いている。

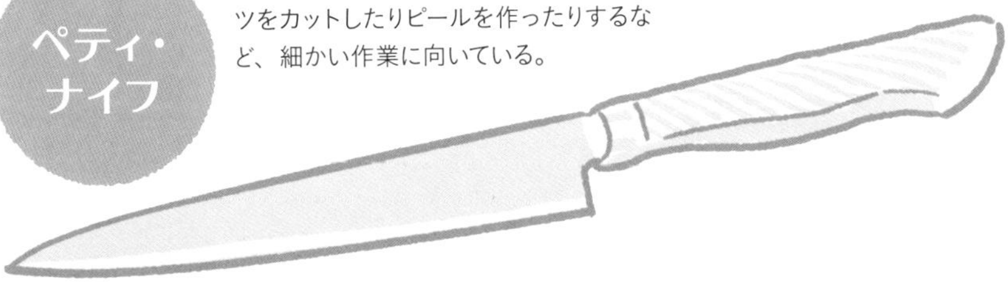

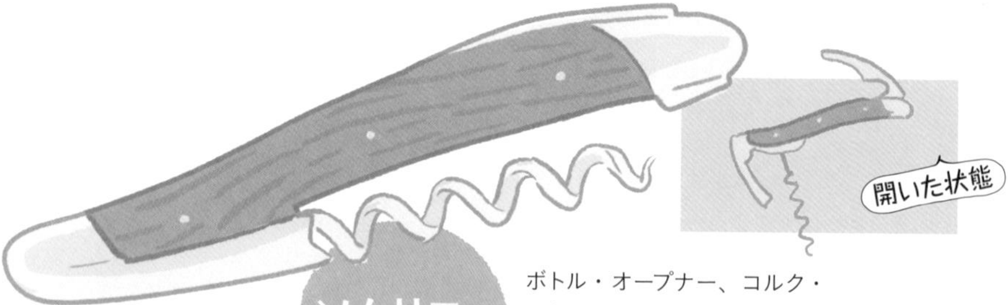

ソムリエ・ナイフ

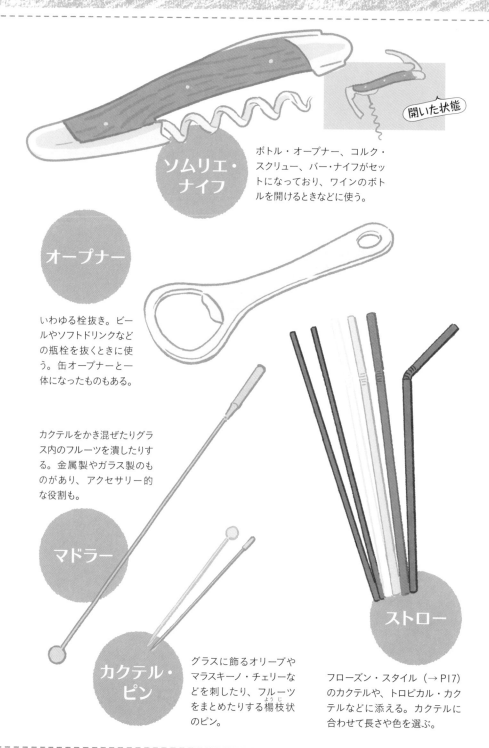

ボトル・オープナー、コルク・スクリュー、バー・ナイフがセットになっており、ワインのボトルを開けるときなどに使う。

オープナー

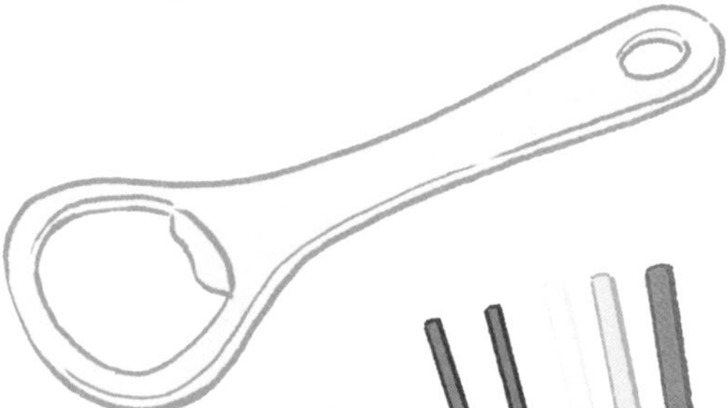

いわゆる栓抜き。ビールやソフトドリンクなどの瓶栓を抜くときに使う。缶オープナーと一体になったものもある。

カクテルをかき混ぜたりグラス内のフルーツを潰したりする。金属製やガラス製のものがあり、アクセサリー的な役割も。

マドラー

カクテル・ピン

グラスに飾るオリーブやマラスキーノ・チェリーなどを刺したり、フルーツをまとめたりする楊枝(ようじ)状のピン。

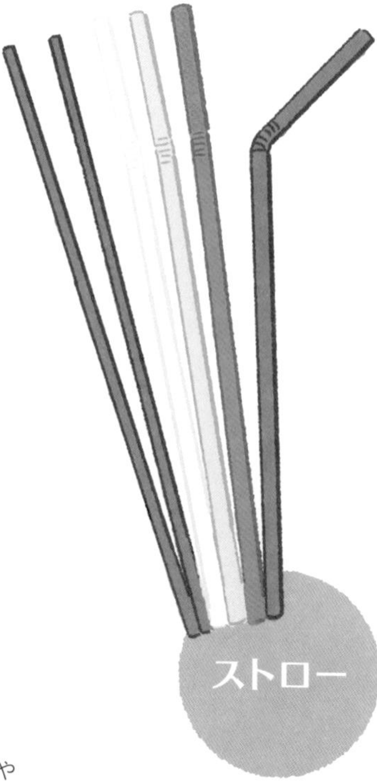

ストロー

フローズン・スタイル（→ P17）のカクテルや、トロピカル・カクテルなどに添える。カクテルに合わせて長さや色を選ぶ。

カクテル作りの基本技法

カクテルの作り方には、「ステア」「ビルド」「シェーク」「ブレンド」の4つの技法がある。「ステア」は、ミキシング・グラス（→P85）を使って材料を混ぜる技法。比較的混ざりやすい液体同士をかき混ぜるのに向いており、ベースとなる酒の風味を生かしたいときにも用いられる。

「ビルド」は、材料を直接グラスに注ぎ、バー・スプーン（→P85）で軽くかき混ぜるなどしてカクテルを完成させるシンプルな技法。炭酸を逃がさない、材料を混ぜすぎない、フロートさせる、などの効果がある。

「シェーク」は、シェーカー（→P84）を使って混ざりにくい材料を一気に混ぜ合わせる技法。加水する、氷で酒を急速に冷やす、味をまろやかにする、といった効果がある。見た目にも華やかな技法だ。

「ブレンド」は、ブレンダー（→P86）を使って材料を強力に混ぜ合わせる技法。フルーツを細かく砕いたり、氷と材料を混ぜ合わせてフローズン・スタイル（→P17）のカクテルを作ったりするのに用いられる。

同じ技法でも、バーテンダーの技術や個性によって、でき上がるカクテルの味わいは千差万別。同じカクテルをバーごとに飲み比べてみるのもおもしろいだろう。

ステア

おもな使用道具　ミキシング・グラス、ストレーナー、バー・スプーン、メジャー・カップ、アイス・トング

1

ミキシング・グラスの6分目まで氷を入れ、水を注ぎ、バー・スプーンで軽くかき回して氷の角を取る（面取り）

2

氷の角が取れて丸くなったら、ミキシング・グラスにストレーナーをかぶせて、水を捨てる

3

ストレーナーを外し、メジャー・カップで計った材料を静かに注ぐ

4

バー・スプーンで材料と氷を同時に回転させるように静かに混ぜる

5

ミキシング・グラスにストレーナーをかぶせて、人差し指で押さえる

6

人差し指以外の指でミキシング・グラスをしっかりと握り、グラスに注ぐ

ビルド

おもな使用道具　メジャー・カップ、バー・スプーン、アイス・トング

1

冷やしたグラスに氷を入れ、メジャー・カップで計った材料を注ぐ

POINT

● 材料を注ぐときは静かに

2

分量が「適量」とある材料は、グラスの8分目までを目安に注ぐ

POINT

● 炭酸飲料は最後に注ぐ

3

グラスの縁からバー・スプーンを入れ、バー・スプーンの背でグラスの内側をなぞるように混ぜる

POINT

● 炭酸飲料を加えた後は混ぜすぎない

シェーク

おもな使用道具　シェーカー、メジャー・カップ、アイス・トング

1

メジャー・カップで計った材料をボディに注ぎ、8～9分目まで氷を入れる

2

ボディにストレーナーとトップをかぶせる

3

右手（利き手）の親指をトップに当て、しっかり押さえる

4

人差し指と小指でボディを挟むように持ち、残りの指を自然に添える

5

左手の親指をストレーナーの肩の部分に当て、中指と薬指でボディの底を支える

6

シェーカーを正しく持ち、胸の前で構える

7

シェーカーを斜め上に突き出す

8

シェーカーを胸の前の位置に戻す

9

シェーカーを斜め下に突き出す

10

シェーカーを胸の前の位置に戻す。
7～10の動作を 10 ～ 15 回繰り返す

11

トップを外し、ストレーナーを人差し指と親指で押さえながら、グラスに注ぐ

POINT

- トップをかぶせるときは空気を抜くイメージで（一度トップを外して空気を抜いても OK）
- 熱が伝わらないように、手の平をシェーカーに密着させない
- 卵やクリームなど混ざりにくい材料を使う場合は、シェーク回数を 2 倍にする

ブレンド

おもな使用道具　ブレンダー、バー・スプーン、メジャー・カップ

1

メジャー・カップで計った材料とクラッシュド・アイス（→ P101）をブレンダーに入れる

POINT

● クラッシュド・アイスはまず少なめに入れて、様子を見ながら足す

2

しっかりとフタを閉め、スイッチを入れて中の材料を攪拌（かくはん）する

POINT

● 氷が弾ける音が消えた頃合いで様子を確認する

3

スイッチを切ってフタを開け、バー・スプーンで中身をグラスにかき出す

POINT

● 美しく盛り付ける

カクテル作りの方程式

カクテルはバーで飲むもので、自分で作るのは無理だと考えている人もいるかもしれない。しかし、カクテル作りの“方程式”を押さえれば、それほど難しくない。

カクテルの材料を思い出そう（→P12）。ベースとなる酒Ⓐ、ベース以外の酒Ⓑ、そして副材料Ⓒだ。まずⒶを決め、それにⒷ・Ⓒをどう組み合わせるかによって、さまざまなカクテルができる。

さらに、材料やスタイルに合わせて、カクテル作りの基本技法（ステア、ビルド、シェーク、ブレンド）を掛け合わせる。

このように考えれば、カクテル作りは意外に簡単だ。ⒶにⒷ・Ⓒのさまざまな材料を組み合わせて、カクテル作りに挑戦してみよう（→P111）。

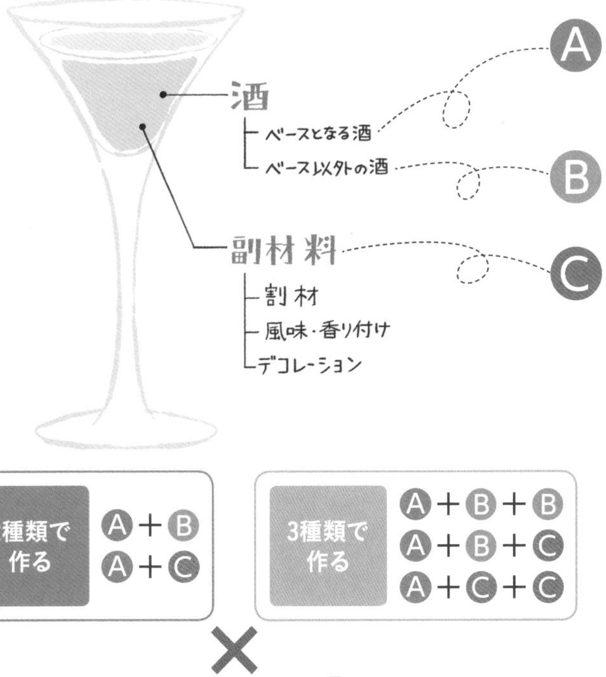

2種類で作る
Ⓐ＋Ⓑ
Ⓐ＋Ⓒ

3種類で作る
Ⓐ＋Ⓑ＋Ⓑ
Ⓐ＋Ⓑ＋Ⓒ
Ⓐ＋Ⓒ＋Ⓒ

✕

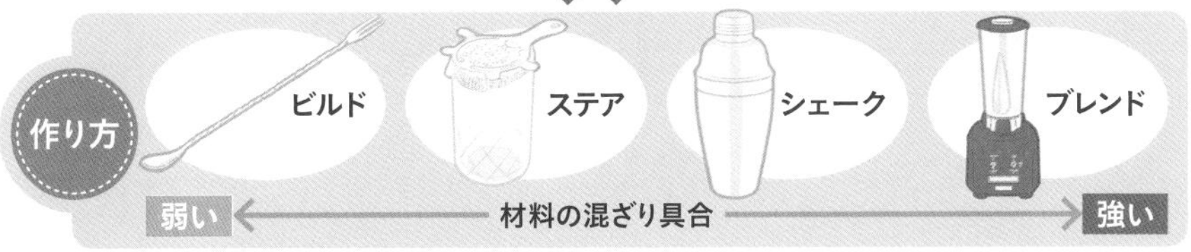

2種類で作る方程式

Ⓐ＋Ⓑ

ベースとなる酒Ⓐの風味を損なわないように、ベース以外の酒Ⓑの分量はⒶよりも多くしない。

ドライ・ジン ＋ ドライ・ベルモット ＝ **マティーニ**

Ⓐ＋Ⓒ

ベースとなる酒Ⓐの特徴が味に出やすく、副材料Ⓒを混ぜることでアルコール度数が下がり飲みやすくなる。

ドライ・ジン ＋ ライム・ジュース ＝ **ギムレット**

3種類で作る方程式

A＋B＋B

3種類の酒を混ぜるので、アルコール度数が高く強い味わいのカクテルになる。バランスをとるのがやや難しい。

A＋B＋C

ベースとなる酒Aにリキュール Bとジュース Cというのが基本。最もバランスのよい組み合わせ。

A＋C＋C

ベースとなる酒Aにジュース類やシロップなどCを加える。ジュース類の分量でアルコール度数を調整できる。

カクテルの副材料

カクテルの副材料は、炭酸飲料やジュース類などの割材、風味や香りを付けるための材料、デコレーションに使うフルーツなどの、大きく3つに分けられる。

割材は、ミネラル・ウォーターやトニック・ウォーター、ソーダやジンジャー・エールなどの炭酸類、フルーツや野菜のジュース類、牛乳などがある。

風味や香りを付けるための材料には、シロップのほか、フルーツ、ハーブやスパイスなどがある。カクテルによく使われるハーブやスパイスは、ミント、シナモン、クローブ、コショウ、ナツメグ、カモミールなど。風味付けには砂糖や塩も使われる。

デコレーションに使うフルーツは、レモンやオレンジなどの柑橘類や、パイナップルなど。なお、カクテルを彩るフルーツ・デコレーションについては、P106 ～ 108で詳しく紹介する。

このように、カクテルの副材料の種類は非常に多い。これらを組み合わせることで、多種多様なカクテルが生まれる。

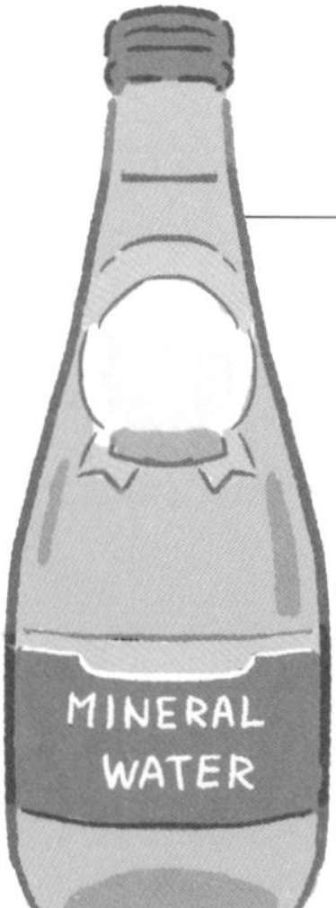

ミネラル・ウォーター

水道水よりミネラル分が多い水のこと。ウイスキーや焼酎の水割りのほか、氷を作るときに使う。チェイサー（→ P206）としても利用。

トニック・ウォーター

柑橘系のほどよい酸味と甘み、香草の苦み成分を加えた炭酸水。ジンなどホワイト・スピリッツとの相性がよい。

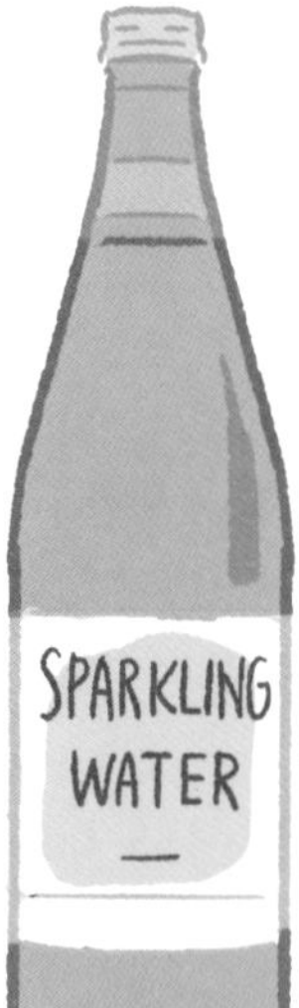

ソーダ

味のない炭酸水。もともと炭酸ガスを含む天然鉱泉水と、良質な水に炭酸ガスを圧入した2つのタイプがある。

ジュース

柑橘類などの果実をそのまま搾るほか、市販の果汁100%のものを使用する。トマト・ジュースは塩分無添加のものを。

牛乳

使用頻度は高くないが、特に果実系やナッツ系のリキュールとよく合う。代表的なカクテルは「カルーア・ミルク」(→ P144)。

生クリーム

牛乳から乳脂肪分以外の成分を除いたもので、乳脂肪分18%以上。ブランデーやウイスキー、ナッツ系リキュールと合わせる。

シロップ

砂糖を水に溶かしたシュガー・シロップのほか、フルーツやナッツを使ったものなど。ザクロが原料の「グレナデン・シロップ」が代表的。

フルーツ

カクテルのデコレーションや味付けによく使われるのは、レモン、オレンジ、ライムといった柑橘類のほか、パイナップル、ブドウ、イチゴなど。

ハーブ、スパイス

ミントなどのハーブ類、クローブやシナモン、ナツメグ、コショウなどのスパイスを、カクテルの風味にアクセントを付けるほか、仕上げやデコレーションのために使う。

砂糖、塩

砂糖は甘み付けに使われる。塩はおもにデコレーションの「スノー・スタイル」（→ P109）に使用。

卵

全卵 50mℓ程度の小さなものが使いやすい。酒に卵・牛乳・砂糖を加えた「エッグノッグ」というカクテルに使われる。

氷の種類

基本的に、すべての冷たいカクテル(コールド・カクテル)に氷が使われる。カクテルの温度が適正よりも高いと味わいが変わってしまうので、カクテルを冷やして味わいをキープするために、氷は重要な役割を果たしている。

氷を用意する際は、もとになる水の質にも留意したい。カルキ臭のする水道水の使用は避け、浄水器を通した水かミネラル・ウォーターを使おう。あるいは、市販のクラックド・アイスかブロック・オブ・アイス(四角い大きめの氷)を砕いてもよい。

カクテルに使われる氷にはさまざまな形状のものがあり、カクテルのスタイルや技法によって使い分ける。代表的な氷の種類を見ていこう。

ランプ・オブ・アイス

ブロック・オブ・アイス(氷の塊)をアイス・ピック(→ P86)で砕いた、握りこぶしより少し小さめの氷。角を取ってから「オン・ザ・ロック」(→ P16)などに使う。

クラックド・アイス

ブロック・オブ・アイスを直径 3 ～ 4cm 程度に砕いたもの。シェークやステアなどによるカクテル作りに使われる。できるだけ角ができないように砕くのがポイント。

キューブド・アイス

製氷機で作る、3cm 程度の立方体の氷。クラックド・アイスと同様、応用範囲が広い。家庭用の製氷皿で作る場合は、氷に気泡が入っていて溶けやすいので注意。

クラッシュド・アイス

クラックド・アイスやキューブド・アイスを押し潰すように砕いて粒状にした氷のこと。フローズン・スタイル(→ P17)のカクテルなどに使われる。

カクテルのグラス

カクテルをはじめ、ドリンクの提供に欠かせないグラス。グラスにはさまざまな種類があり、酒類の種類や飲み方によって使用するものが異なる。カクテルの場合、アルコール度数や材料の量などによって、使用するグラスが決められている。また、各グラスの形状は、酒の風味を効果的に味わえるようにデザインされている。さらに、グラスにはカクテルを美しく演出する役割もある。

グラスの形状は、大きく分けると、底が平らで安定感のある「平底型（ひらぞこ）」と、美しいステム（脚（あし））が特徴の「脚付き型」の2種類がある。ロング・カクテル（→P13）には、平底型の「タンブラー」や「コリンズ・グラス」(→P103)を用いる。一方、ショート・カクテル（→P13）には、小さめで逆三角形型の「カクテル・グラス」（→P104）を使う。脚の部分を持つことで、カクテルがぬるくならないようになっているのだ。

どのグラスを使うかで、カクテルの風味やイメージ、そして飲む際の気分や雰囲気が変わる。カクテルを飲むときは、グラスにも注目してみよう。

グラスの扱い方

せっかくのカクテルも、グラスが汚れていたら台無しだ。評判のよいバーでは、グラスのメンテナンスもきちんとしている。

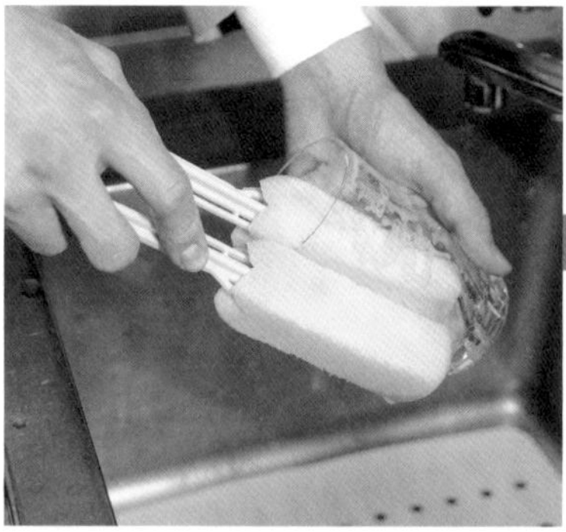

洗い方

グラス専用スポンジと中性洗剤でよく洗ってすすぎ、ふきんの上などに伏せて水を切る

拭き方

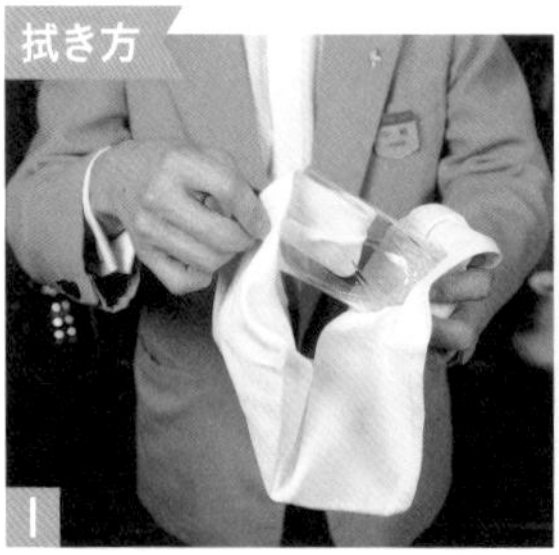

1 グラスの底をふきんで包むように持ち、グラスの中にふきんを押し込む

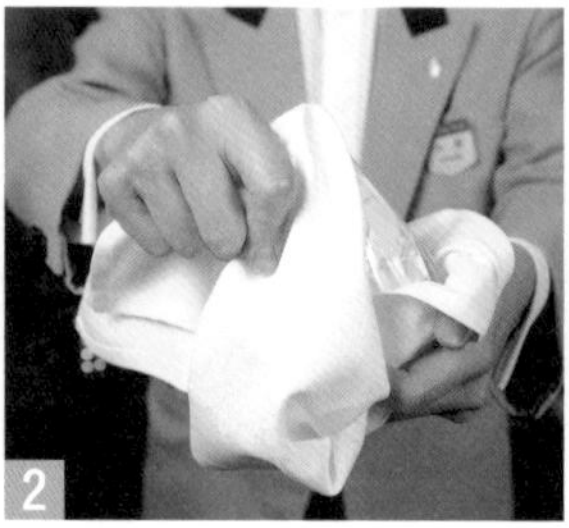

2 ふきんの上からグラスの縁を持つ

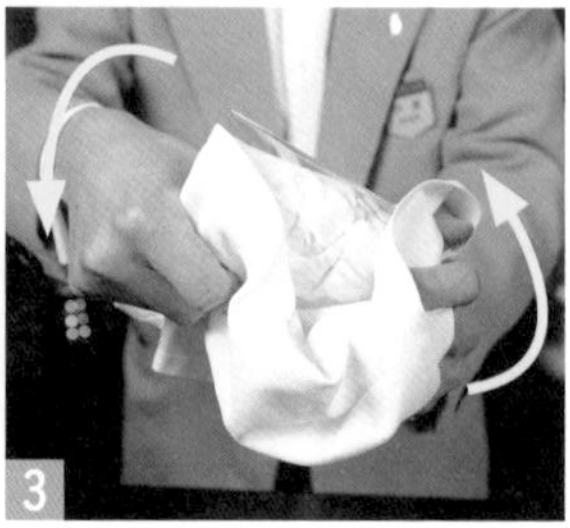

3 左右の手でグラスを回しながら拭く

平底型グラス

コリンズ・グラス

ソーダなど炭酸を使ったドリンク向きのグラス。背が高く口径が小さいため、炭酸ガスが抜けにくい。容量は 300 ～ 360mℓのものが一般的。

タンブラー

8 オンス（240mℓ）と、国際バーテンダー協会標準の 10 オンス（300mℓ）のものがある。ロング・カクテルやソフト・ドリンクに向いている。

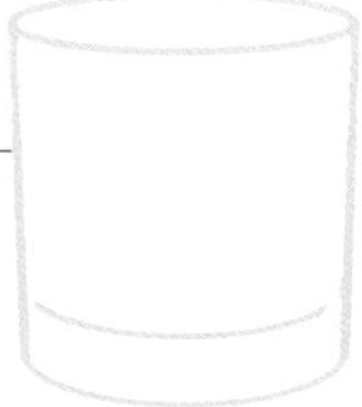

ウイスキー・グラス

ウイスキーをストレートやロックで飲む際に使われる。30mℓのシングル・グラスと 60mℓのダブル・グラスが一般的。

オールドファッションド・グラス

古くからあるデザインなので「古風な」という名前が付いた。「オン・ザ・ロック」スタイル（→ P16）によく使われる。別名ロック・グラス。

マイタイ・グラス

「マイタイ」（→ P168）用の大型グラス。フルーツや花をたっぷり飾って南国情緒を演出できる。

ホット・グラス

ホット・スタイルのカクテル用に、耐熱ガラスが使われており、持ち手が付いている。

脚付き型グラス

カクテル・グラス

グラスの部分が逆三角形型をした、ショート・カクテル専用のグラス。容量は120mℓが一般的。底が平たくなっているソーサー型のものもある。

シャンパン・グラス（ソーサー）

シャンパン、シャンパン・ベースのカクテルのほか、フラッペやフローズン・スタイル（→P17）に最適。容量は120～180mℓが一般的。

シャンパン・グラス（フルート）

口が小さく細長いため、炭酸ガスが抜けにくい。シャンパンやスパークリング・ワインなどの気泡が立ち上る様子を楽しめる。

ワイン・グラス

ワイン用だが、サワー（→P16）やフラッペ（→P17）などのスタイルにも使われる。容量はさまざまだが、大きめのほうが香りをより楽しめる。

リキュール・グラス

リキュールやスピリッツをストレートで飲むときに使う小型のグラス。容量は60mℓが一般的。

ゴブレット

容量・口径が大きく、氷を多く使うカクテル向き。ビールやノン・アルコール・カクテル、ソフト・ドリンクなど、幅広く使える。

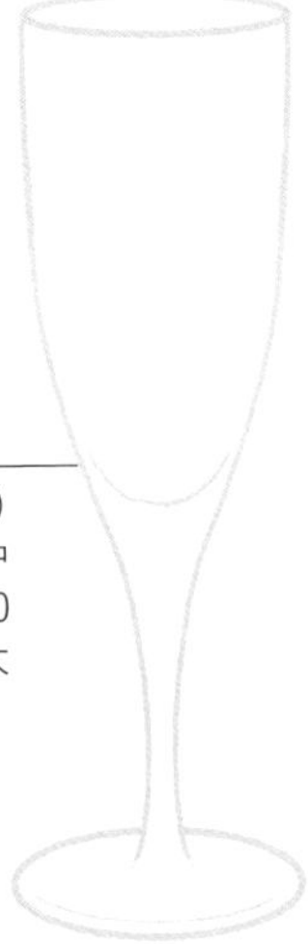

サワー・グラス

サワー・スタイル（→ P16）のカクテルに使われる中型のグラス。容量は120mℓが標準だが、さらに大型のものもある。

シェリー・グラス

シェリーを飲むためのグラス。容量は60～75mℓ。スピリッツをストレートで提供する際にも使われ、利用頻度は高い。

ピルスナー・グラス

もともとはビール用のグラスだが、容量の多いカクテルにも使われる。脚が付いていない平底型のものもある。

ブランデー・グラス

ブランデーをストレートで飲むためのグラス。香りを逃さないようチューリップ型になっている。容量は180～300mℓが一般的。

カクテルのデコレーション

副材料のフルーツや野菜は、カクテルの風味を引き立てるためだけでなく、デコレーションとしても使われる。フルーツ・デコレーションには、レモンやライムなどの皮の部分を薄くスライスした「ピール」(→P107）をはじめ、オレンジやレモンなどのスライス、ハーフ・スタイル（半月切り）、シャトー・スタイルなど、さまざまな形がある（→P108)。見た目の美しさや食べやすさを考えた装飾がポイントだ。

また、塩や砂糖を雪に見立てた「スノー・スタイル」など、グラスを彩るデコレーションもある（→P109)。ソルト・スノー・スタイルの代表的なカクテルは「ソルティ・ドッグ」(→P122）だ。

レインボー・シュガーのグラス装飾とスパイラル状のピールが華やかな「ラ・フェスタ ～祝祭～」(→P183)

そのほか、オリーブ、マラスキーノ・チェリー、パール・オニオンもデコレーションに用いられる（→P110)。

カット・パイナップルが大胆にあしらわれた「シンガポール・スリング」(→P158)

キウイフルーツとレモン・ピールで作る鳥が愛らしい「キウイ・マティーニ」

ピール

レモンやライムなど柑橘類の皮の小片を「ピール」という。

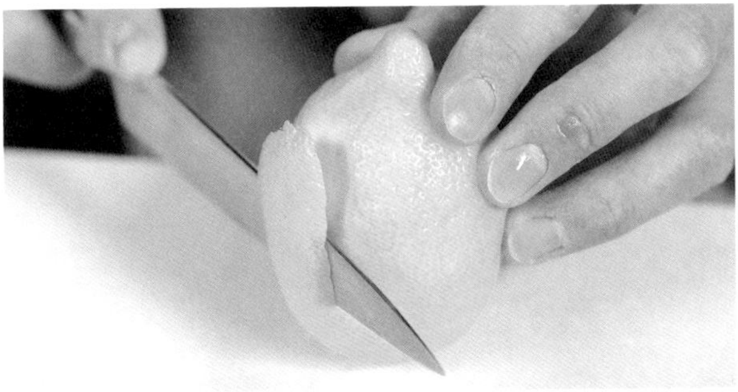

1

レモンの皮をナイフで薄く削ぎ切る

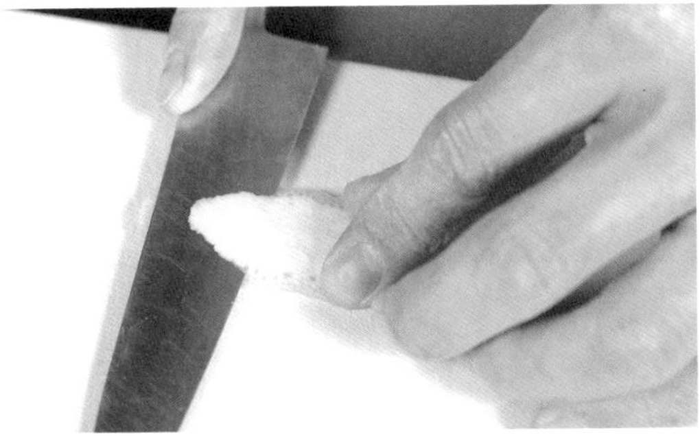

2

皮の内側の白い部分を切り取る

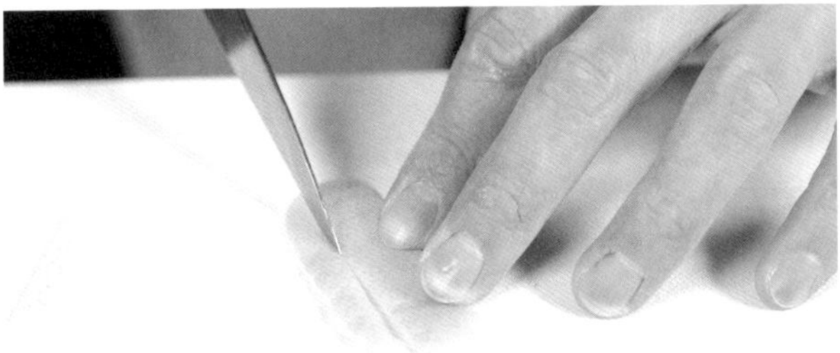

3

余分な部分を切り取って形を整える

ピールの絞り方

親指と中指でピールを挟み、裏側に人差し指を当て、皮の表側をグラスに向けて振りかけるように絞る

ツイストの絞り方

細長い形に整えたピールの両端をつまむように持ち、グラスの上でねじるように絞る。絞ったらグラスに入れる

フルーツ・デコレーション

さまざまなフルーツのカッティングを
紹介しよう。

レモン・シャトー・スタイル

1 レモンを縦に 8 等分し、白い部分や種を取る

2 身の部分に斜めに切り込みを入れる

3 切り込みの部分をグラスの縁に差し込む

オレンジ・ハーフ・スタイル

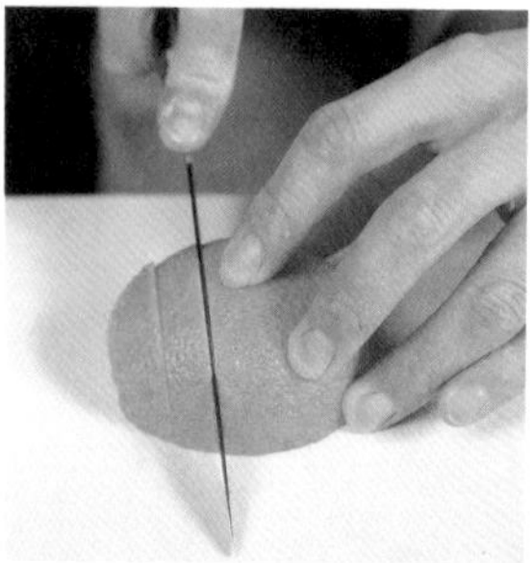

1 縦に半分に切り、5 ～ 7 mm 幅にスライスする

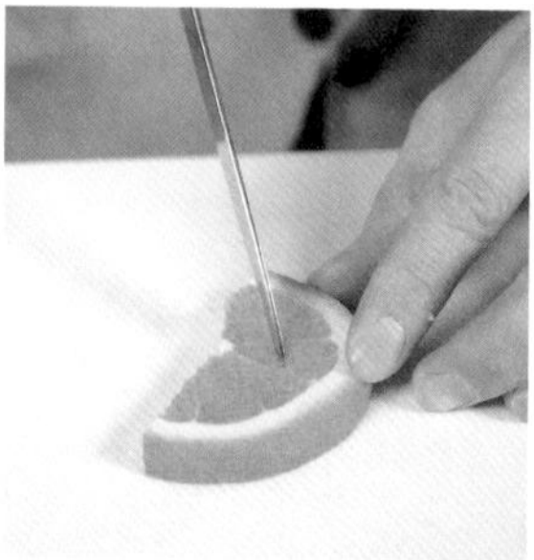

2 身の部分に斜めに切り込みを入れる

3 切り込みの部分をグラスの縁に差し込む

パイナップル・スライス

1.5cmくらいの幅にスライスしたパイナップルに切り込みを入れ、グラスの縁に差し込む

レモン・ホーセズ・ネック・スタイル

レモンの皮をらせん状にむき、ヘタの部分をグラスの縁にかけ、残りを中に入れる

スノー・スタイル

グラスの縁に塩や砂糖を付けて雪（スノー）のようなデコレーションを施す技法。

1 グラスの縁をレモン汁で濡らしていく

2 塩（または砂糖）をグラスの縁に付ける

スノー・スタイルのバリエーション

色付きスノー・スタイル

レモン汁の代わりに色付きシロップなどでグラスを濡らすとカラフルに

コーラル・スタイル

グレナデン・シロップに浸したグラスに砂糖（または塩）をたっぷり付ける

コーラル・スタイルが美しいカクテル、「フラミンゴ・レディ」

その他のデコレーション

オリーブ

「マティーニ」(→ P114) など辛口カクテルで、カクテル・ピンに刺して飾ったり、グラスに沈めたりする。グリーン、ブラックなどがある。

マラスキーノ・チェリー

「マンハッタン」(→ P134) などに使われる、砂糖漬けサクランボ。カクテル・ピンに刺してグラスの縁に飾ったり、そのまま沈めたりする。

パール・オニオン

小粒の白タマネギのこと。ジン・ベースの「ギブソン」など、おもに辛口カクテルに使われる。

家でカクテルを作ってみよう

カクテルの道具、基本技法、そのほか必要なものがわかったら、カクテル作りの方程式（→P95～97）を参考に、自分でカクテルを作ってみよう。初心者には、材料をグラスの中で混ぜ合わせる技法「ビルド」（→P91）で作るカクテルがおすすめ。最低限必要なのは、ベースとなる酒、割材、グラス、バー・スプーンかマドラーだ。

ベースとなる酒としては、まずドライ・ジン、ウオッカ、ホワイト・ラムの3種をそろえよう。これらにさまざまな割材を加えると、以下のようなカクテルができる。

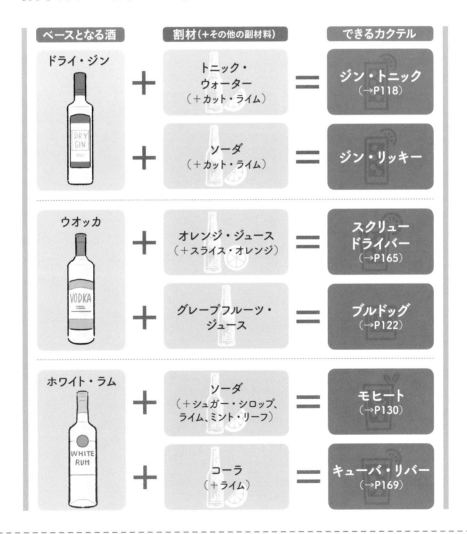

ベースとなる酒		割材（＋その他の副材料）		できるカクテル
ドライ・ジン	＋	トニック・ウォーター（＋カット・ライム）	＝	ジン・トニック（→P118）
ドライ・ジン	＋	ソーダ（＋カット・ライム）	＝	ジン・リッキー
ウオッカ	＋	オレンジ・ジュース（＋スライス・オレンジ）	＝	スクリュードライバー（→P165）
ウオッカ	＋	グレープフルーツ・ジュース	＝	ブルドッグ（→P122）
ホワイト・ラム	＋	ソーダ（＋シュガー・シロップ、ライム、ミント・リーフ）	＝	モヒート（→P130）
ホワイト・ラム	＋	コーラ（＋ライム）	＝	キューバ・リバー（→P169）

Memorable Bar Experiences & Cocktail

壮観なバック・バーとスタッフのレベルに圧倒された「The Elephant Bar（エレファント バー）」

研修旅行で訪れた、アメリカ・ニューヨークの「The Elephant Bar（エレファント・バー）」。「The NoMad Hotel（ノマド・ホテル）」内のバーで、世界的に影響力のあるバーテンダーやコンサルタントたちが選ぶ「The World's 50 Best Bars（世界のベスト・バー 50）」で、上位にランクインしたこともあるお店です。

店内に入ってまず度肝を抜かれたのが、天井まで届くバック・バー。その壮観な光景には驚きました。そして、カウンターにはお客様がひしめき、高級ホテルとは思えないにぎやかな雰囲気。そんななか、6人で訪れた私たちは、2つのテーブルに分かれてカクテルをオーダーしました。通常、6人分のカクテルを作るには結構時間がかかりますが、あっという間に6人分のカクテルが完成。スピードもサービスのひとつですから、バーテンダーたちの能力の高さを実感しました。さらに、大混雑で、どこにだれが座り、何をオーダーしたのか把握しづらい状況だったにもかかわらず、サービス担当のスタッフは、一人ひとりにカクテルを的確にサーブ。スタッフのレベルの高さにも圧倒された一軒です。

https://www.thenomadhotel.com/new-york/　（京王プラザホテル 高野勝矢）

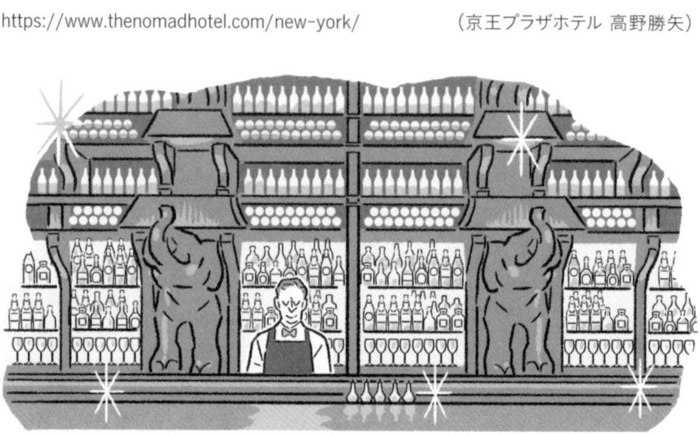

chapter 4

スタンダード・カクテルを知ろう

星の数ほどもあるといわれるカクテル。
そのうち、"カクテルの王様"と呼ばれる
「マティーニ」をはじめとして、
世界中で多くの人に愛されている
20のスタンダード・カクテルを紹介しよう。

マティーニ

Martini

マティーニとは?

What's Martini?

「カクテルの王様」といわれ、アルコール度数も高い。以前はスイート・ベルモットが使われていたが、時代とともに辛口志向が高まりドライが使われるようになった。

材料はジン、ベルモット、オリーブとシンプルながら、ジンとベルモットの比率を変えたり、レモン・ピールやオレンジ・ビターズを加えたりとバリエーションに富み、マティーニだけのレシピ本もあるほど。ホテルやバーによってレシピが異なり、客に合わせてレシピやジンの銘柄を変える場合もある。ここ数年は世界的にジンの人気が高まり、さまざまなクラフト・ジン（→P36）が登場していることから、個性的な香味をもつジンが用いられることもある。

マティーニ小話

Story behind Martini

マティーニは多くの逸話をもつ。映画『007 カジノ・ロワイヤル』では、ジェームズ・ボンドがゴードン・ジンにウオッカを加えた「ボンド・マティーニ」を愛飲。また、マリリン・モンローが地下鉄の通気口の上に立つシーンが印象的な映画『七年目の浮気』では、大きなグラスに注がれたマティーニが登場する。さらに、イギリスの元首相ウィンストン・チャーチルは辛口好みで、ドライ・ベルモットの瓶を眺めながらストレートのジンに近いマティーニを飲んでいたという。

ちなみに、一般的に辛口カクテルにはオリーブが、比較的甘口のカクテルにはチェリーが添えられるが（→P110）、これはパーティーなどでカクテルを選ぶ際、味のタイプがわかる目印にしたという話もある。

ジンとベルモットのさわやかさが特徴
数々の逸話に彩られた"カクテルの王様"

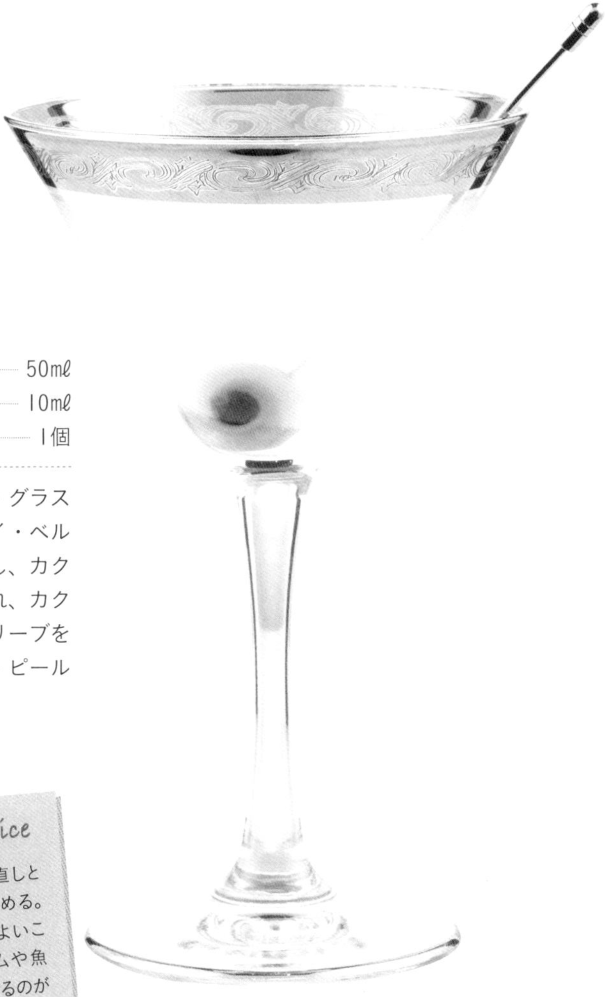

Data

度数 42.2度
味わい 辛口
技法 ステア
TPO 食前

Recipe

ドライ・ジン ……… 50mℓ
ドライ・ベルモット ……… 10mℓ
スタッフド・オリーブ ……… 1個

氷を入れたミキシング・グラスにドライ・ジン、ドライ・ベルモットを入れてステアし、カクテル・グラスに注ぎ入れ、カクテル・ピンに刺したオリーブを入れる。好みでレモン・ピールを振る場合もある。

Tips & Advice

添えてあるオリーブを口直しとして味わうとさらに楽しめる。ジンは塩味との相性がよいことから、フードは生ハムや魚介のマリネなどを合わせるのがおすすめ。

ギムレット

Gimlet

ギムレットとは?

What's Gimlet?

17世紀頃、イギリス海軍の軍医だったギムレット卿（きょう）が考案したことから、その名が付いたといわれる。ギムレット卿は、将校が艦内で配給されるジンを飲み過ぎることを心配し、健康を保つために、ジンにライム・ジュースを加えて飲むことを提案したという。そのほかに名前の由来として、辛口のジンと、ライムの酸味が生み出す鋭く突き刺さるような味わいを、「ギムレット＝錐（きり）」にたとえたという説もある。

1980年頃まで日本ではフレッシュなライムがほとんど流通しておらず、高価なフルーツだったことから、ライム果汁に糖分を加えたコーディアル・ライム・ジュースを使ったレシピが一般的だった。しかし、少しずつライムの流通が広がり、スーパーなどでも手軽に購入できるようになったことから、フレッシュなライムを絞った果汁や、新鮮なライム・ジュースを使用したレシピに変わっていった。

ギムレット小話

Story behind Gimlet

映画や小説のワンシーンに登場するなど、独特の存在感をもつギムレット。なかでも印象的なのが、1953年に出版されたアメリカの作家レイモンド・チャンドラーの『長いお別れ（ロング・グッドバイ）』の名シーンだ。本作は私立探偵のフィリップ・マーロウが主人公のハードボイルド長編小説で、ギムレットが大切な小道具として使われている。特に「ギムレットには早過ぎる」というセリフは非常に有名。このセリフをきっかけに、ギムレットが広く知られるようになったという。

インド洋上の軍艦の上で誕生したとされる 錐（ギムレット）のように鋭い味わいの一杯

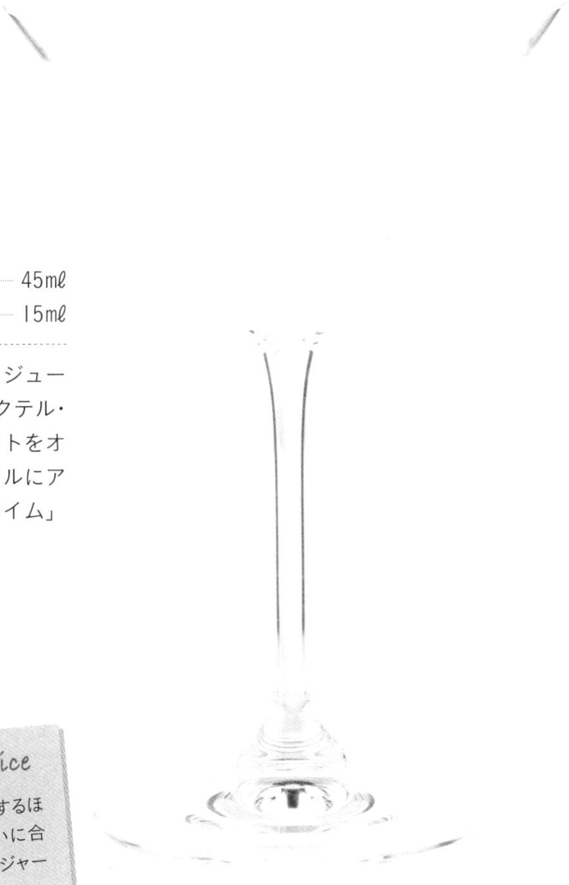

Data

度数	35度
味わい	辛口
技法	シェーク
TPO	食前

Recipe

ドライ・ジン	45mℓ
ライム・ジュース	15mℓ

ドライ・ジン、ライム・ジュース、氷をシェークし、カクテル・グラスに注ぐ。ギムレットをオン・ザ・ロック・スタイルにアレンジすると「ジン・ライム」というカクテルになる。

Tips & Advice

ナッツをつまんで口直しをするほか、酸味が効いた味わいに合わせて、ピクルスやビーフ・ジャーキーもおすすめ。

ジン・トニック

Gin & Tonic

ジン・トニックとは？

What's Gin & Tonic?

ドライ・ジンにトニック・ウォーターを加えるだけというシンプルなレシピで、ライムを絞ると、よりいっそうさわやかな香りが広がる。ジンの風味と酸味、甘み、苦みが融合した飽きのこない味わいで、世界的に人気があるカクテルのひとつだ。また、口当たりがさっぱりとしていて、さまざまな料理と合わせることができるので、飲む時間や場所を選ばないオール・デイ・カクテル（→P14）として楽しめる。

シンプルなレシピで、最初の一杯として気軽にオーダーできるジン・トニックは、「その店の個性がわかる」といわれるカクテル。バーテンダーはジンやトニック・ウォーターの銘柄を厳選し、ライムの切り方にまで心を配って、素材の持ち味を最大限に生かす方法を追求する。そんなプロ意識が凝縮された一杯だ。

ジン・トニック小話

Story behind Gin & Tonic

さまざまなクラフト・ジン（→P36）が登場し、世界的にジンの人気が高まっている現在、ユニークなスタイルのジン・トニックが登場している。

たとえば、ジン・トニックがブームとなっているスペインでは、スタンダードなタンブラーではなく、「コパ」と呼ばれるバルーン型のグラスに注いでサーブするスタイルが流行。バルーン・グラスに注ぐことで、ハーブやスパイスを効かせて香り豊かに仕上げたクラフト・ジンの香味を、より楽しむことができる。さらに、フルーツやハーブ、スパイス、花などを加えて、ジンの風味を引き立たせることも。これは「スパニッシュ・スタイル」とも呼ばれ、世界各地に広がっている。

さわやかで飽きのこないおいしさ
世界的に人気のスタンダード・カクテル

Data

度数	15.7度
味わい	中辛口
技法	ビルド
TPO	オール

Recipe

ドライ・ジン	45mℓ
トニック・ウォーター	適量
カット・ライム	1/6個分

氷を入れたタンブラーに、ドライ・ジンを入れてステア。冷えたトニック・ウォーターを8分目まで注ぎ、カット・ライムを飾る。ライムの代わりにレモンを飾る場合もある。

Tips & Advice

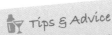

ジンと酸味、甘み、苦みの調和が絶妙な味わいを生む。どんな料理とも相性がよいが、特にサーモンやフルーツ、フライドポテトなどがおすすめ。

ネグローニ

Negroni

ネグローニとは?

What's Negroni?

ジンをベースに、多様なハーブや果実を配合したリキュール「カンパリ」（→P66）を合わせたカクテル。赤みがかったオレンジの色合いが美しく、甘みとともに感じる独特のほろ苦さが食欲を増進する。

ネグローニが誕生したのは、イタリアのフィレンツェ。有名レストラン「カソーニ」で、常連客のひとりだったカミーロ・ネグローニ伯爵が、食前酒として愛飲していたという。もともとは、カンパリにスイート・ベルモットとソーダを加えた「アメリカーノ」（→P182）というカクテルに、ソーダではなく少量のジンを入れるよう伯爵がオーダーしたことがきっかけといわれる。その後、1962年に伯爵の許可を得てレストランが発表。伯爵の名を冠したネグローニは、世界中で飲まれるようになった。

ネグローニ小話

Story behind Negroni

ネグローニは長年にわたって多くの人に愛されてきたが、ここ数年のカクテル・ブームにおいても、世界的に流行しているカクテルのひとつだ。イギリスの酒類専門誌『Drinks International（ドリンクス・インターナショナル）』が、世界のトップ・バーを調査して発表する「The World's Best-Selling Classic Cocktails 2021（世界で最も売れているクラシック・カクテル2021）」のランキングで、ネグローニは第2位に選ばれている（→P136）。

これは現在、スタンダード・カクテルが再注目されていることに加え、世界的にクラフト・ジン（→P36）がブームとなり、ジンを使ったカクテルの人気が高まっていることが要因だと考えられる。

イタリアのネグローニ伯爵が愛飲していた
ジンとカンパリの味わいが奥深い食前酒

Data

度数	29度
味わい	中口
技法	ビルド
TPO	食前

Recipe

ドライ・ジン	20mℓ
カンパリ	20mℓ
スイート・ベルモット	20mℓ
オレンジ・ピール	1個

氷を入れたグラスにドライ・ジン、カンパリ、スイート・ベルモットを直接注いでステアし、最後にオレンジ・ピールを入れる。

Tips & Advice

ほろ苦い味わいには肉料理が合う。イタリア生まれのカクテルなので、タリアータ（牛肉のタタキ）と一緒に。オレンジ、マンゴー、イチジクなどのドライ・フルーツもおすすめ。

ソルティ・ドッグ

Salty Dog

ソルティ・ドッグとは？

What's Salty Dog?

グラスの縁を塩で飾った「ソルト・スノー・スタイル」（→P109）のカクテルの代表格。グレープフルーツ・ジュースのさわやかな風味を塩が引き立てている。カットしたグレープフルーツを飾ることもある。

「ソルティ・ドッグ」とはイギリス海員が使うスラングで、「船の甲板員」という意味。彼らが潮風や波しぶきを浴びつつ甲板の上で働く人々を「塩辛い野郎（＝ソルティ・ドッグ）」と呼んでいたことから、その名が付いた。

イギリスで生まれた当初は、ウオッカではなく、ジンにグレープフルーツ・ジュースと塩をひとつまみ入れてシェークしていたが、アメリカに伝わってから、現在のレシピになった。日本に伝わったのはベトナム戦争が起こっていた頃で、イギリスで飲まれていたものと同じジン・ベースだった。

その後、1986年からの農産物の貿易自由化によって、新鮮なグレープフルーツ・ジュースが日本に輸入されるようになり、全国に広まっていったという。

ソルティ・ドッグ小話

Story behind Salty Dog

グラスの縁を塩で飾らない場合は、ウオッカとグレープフルーツ・ジュースの風味をそのまま味わう「ブルドッグ」というカクテルになる（→P111）。このカクテルは「テールレス・ドッグ（しっぽのない犬）」や「グレイハウンド」と呼ばれることも。ブルドッグはしっぽが短く、「テールレス・ドッグ」とも呼ばれる犬。いずれも、塩のないソルティ・ドッグにかけて、そう呼ばれるようになったといわれている。

イギリスで生まれ、アメリカで完成した
ソルト・スノー・スタイルが美しいカクテル

Data

度数	10.9度
味わい	中口
技法	ビルド
TPO	オール

Recipe

ウオッカ	45mℓ
グレープフルーツ・ジュース	適量
塩	適量

グラスの縁をレモンで濡らし、平らな皿に広げた塩を付けてスノー・スタイルにする。このグラスに氷を入れ、ウオッカ、グレープフルーツ・ジュースを注ぎ入れ、ステアする。

Tips & Advice

塩がグレープフルーツ・ジュースの味を引き立て、おいしさが増す。魚介系との相性がよく、おつまみは白身魚のカルパッチョや刺し身などがおすすめ。

モスコー・ミュール

Moscow Mule

モスコー・ミュールとは?

What's Moscow Mule?

ウオッカ・ベースのカクテルで、ジンジャー・エールの甘みと炭酸のさわやかなのどごしが心地よい。1940年代のアメリカで大流行した。

「モスコー・ミュール」という名前には、「モスクワのラバ（強情者）」という意味がある。ラバは西部開拓時代に重宝されたアメリカ人になじみのある動物だが、まるでラバのひと蹴りのような強いウオッカを使っていることから名付けられた。

モスコー・ミュールは銅製のマグカップに注いで供されるのが伝統的なスタイルで、もともとはジンジャー・エールではなく、ジンジャー・ビアを使って作られていたという。

モスコー・ミュールは1940年代にアメリカのハリウッドで生まれたとされるが、その誕生については諸説ある。たとえば、ウオッカのブランド「スミノフ」（→P41）の販路拡大を目指す営業担当者と、ジンジャー・ビアの在庫を抱えて困っていたレストランのオーナー、そして銅製のマグカップの売り方に悩んでいた業者の3人によって生み出されたという逸話が残っている。

モスコー・ミュール小話

Story behind Moscow Mule

バーやホテルによっては、モスコー・ミュールにスティック・キュウリが添えられていることがある。それは、すっきりとしてクセの少ないウオッカに香り付けをするためだ。

ちなみに、同じくウオッカ・ベースのカクテル「ブラッディー・メアリー」（→P166）には、香り付けとしてスティック・セロリが添えられている。

1940年代にアメリカで大流行した さわやかなのどごしの一杯

Data

度数	10.9度
味わい	中口
技法	ビルド
TPO	オール

Recipe

ウオッカ	45mℓ
コーディアル・ライム・ジュース	1tsp.
ジンジャー・エール	適量
カット・ライム	1/4個分

氷を入れた銅製マグカップにカット・ライムを絞り入れ、ウオッカ、ライム・ジュース、ジンジャー・エールを注ぐ。

Tips & Advice

ジンジャー・エールのさわやかなショウガのフレーバーが食事とマッチし、料理を引き立ててくれる。フライドチキンやポテトなどと一緒に。

ダイキリ

Daiquiri

ダイキリとは?

What's Daiquiri?

19世紀に、キューバのダイキリ鉱山の労働者たちが休憩時間にとっていた飲み物が始まりとされる。当時はラムに砂糖を入れてライムを搾ったものを、疲労回復のために飲んでいたという。現在、ダイキリはラム・ベースのカクテルの代表的な存在で、アルコール度数は高いものの、甘みと酸味のバランスがよく、飲みやすいカクテルとして親しまれている。

氷と一緒にブレンダーで撹拌(かくはん)した「フローズン・ダイキリ」(→P171)は、とろりとしたスムージーのような口当たりが特徴。また、最近はフルーツを取り入れた「マンゴー・ダイキリ」や「ストロベリー・ダイキリ」など、バリエーション豊かになっている。

ちなみに、琥珀(こはく)色の熟成ラムなど、ラムにはさまざまな種類があるが、ダイキリにはクセの少ないホワイト・ラムが使われる。

ダイキリ小話

Story behind Daiquiri

ダイキリは、ノーベル文学賞を受賞したアメリカの文豪、アーネスト・ヘミングウェイが好んだカクテルのひとつ。第2の故郷としてキューバを愛し、首都ハバナで20年以上暮らしたヘミングウェイは、この地で『老人と海』などを執筆。足繁く通っていたレストラン・バー「ラ・フロリディータ」で、「パパ・ダイキリ」や「ヘミングウェイ・スペシャル」と呼ばれるオリジナルのフローズン・ダイキリを愛飲していた。ラム酒の量を2倍にしてグレープフルーツ・ジュースなどを使い、砂糖を加えなかったこのダイキリを、ヘミングウェイは1日に12杯も飲んだというエピソードが残っている。

キューバのダイキリ鉱山にちなんだ ラム・ベースの代表的カクテル

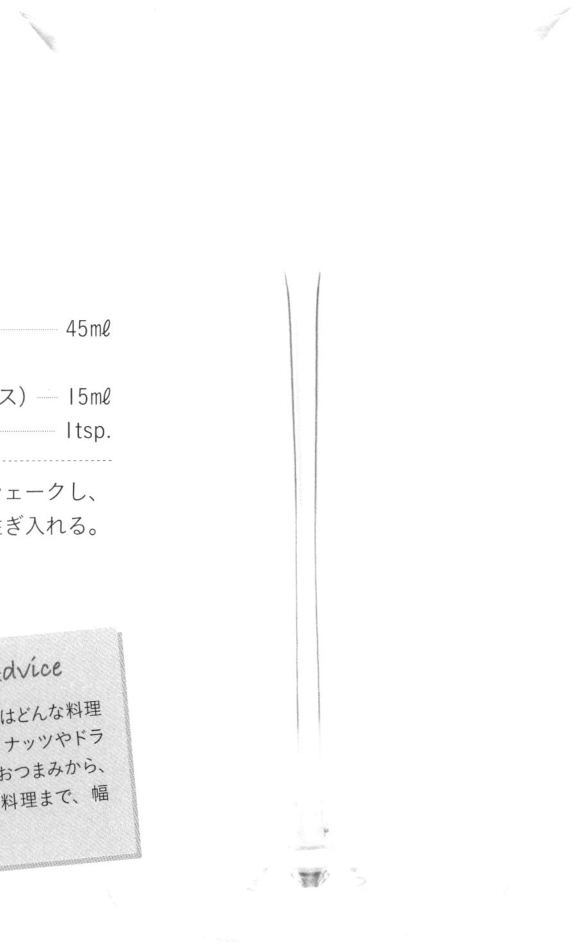

Data

度数 27.7度
味わい 中辛口
技法 シェーク
TPO オール

Recipe

ホワイト・ラム ……… 45mℓ
ライム・ジュース
（またはレモン・ジュース） ……… 15mℓ
シュガー・シロップ ……… 1tsp.

すべての材料と氷をシェークし、
カクテル・グラスに注ぎ入れる。

Tips & Advice

ベースのホワイト・ラムはどんな料理とも相性がよいので、ナッツやドライ・フルーツといったおつまみから、フライドチキンなどの料理まで、幅広く楽しめる。

バカルディ・カクテル

Bacardi Cocktail

バカルディ・カクテルとは?

What's Bacardi Cocktail?

1862年、ドン・ファクンド・バカルディがキューバのサンティアゴに設立したバカルディ社。同社が1933年のアメリカの禁酒法廃止（→P24）を機に、販売促進のために考案したのが「バカルディ・カクテル」だ。

しかし、同社以外のラムを使って「バカルディ・カクテル」を作る店が出てきたことから裁判となり、1936年にニューヨーク州最高裁判所で、「このカクテルを作るときは必ずバカルディ・ラムを使わなければならない」という判決が下された。

ちなみに、バカルディ社以外のラムを使って作ったものは「ピンク・ダイキリ」と呼ばれる。

バカルディ・カクテル小話

Story behind Bacardi Cocktail

「バカルディ」（→P45）はラムの代名詞となっているが、無色透明でクセの少ないホワイト・ラムの製法は、バカルディ社の創始者、ドン・ファクンド・バカルディが生み出したもの。それまでのラムは濾過（ろか）を行っていなかったため、褐色でサトウキビの香ばしさが感じられる力強い味わいをもち、カクテルには使いにくかった。

バカルディ・カクテルは、ザクロで作るグレナデン・シロップ（→P99）を使うので、美しいピンク色が特徴。以前はグレナデン・シロップの種類はあまり多くなかったが、現在では風味や色合いの異なる多彩なグレナデン・シロップが登場し、さまざまなカクテルに使われている。バーによっては、ザクロの実をそのままシェーカーに入れてハード・シェークすることで、独特の味わいを出すこともあるという。

ベースに使うのはバカルディ・ラムのみ 甘酸っぱく香りのよいカクテル

Data

度数 27.7度
味わい 中口
技法 シェーク
TPO オール

Recipe

バカルディ・ラム・ホワイト ……… 45mℓ
ライム・ジュース
（またはレモン・ジュース） ……… 15mℓ
グレナデン・シロップ ……… 1tsp.

シェーカーにすべての材料と氷を入れてシェークし、カクテル・グラスに注ぐ。ライム・ジュースの代わりにレモン・ジュースを使うレシピもある。

Tips & Advice

現在はグレナデン・シロップの種類が増え、ザクロの旬の時期には自家製のグレナデン・シロップを作る店もある。甘酸っぱいカクテルなので、カプレーゼやキノコのマリネなどがおすすめ。

モヒート

Mojito

モヒートとは?　What's Mojito?

ミントなどのハーブを潰して香り付けした「スマッシュ」というスタイルのカクテル。さわやかな味わいとミントの清涼感が特徴だ。

モヒートはキューバで誕生したラム・ベースのカクテルだが、ウイスキー・ベースの「ミント・ジュレップ」（→P175）をお手本に作られたといわれている。これは、ミントを潰してバーボン・ウイスキーやソーダなどを加えたカクテルで、アメリカの禁酒法時代（→P24）にキューバに滞在したアメリカ人がよく飲んでいたという。

そのほか、モヒートのルーツについては諸説あり、キューバのサトウキビ畑で働く人々が飲んでいた「グアラポ」というジュースから発展したという話もある。

また、「モヒート」という名前は、「魔法をかける」「魔力のあるお守り」といった意味をもつ「mojo」というブードゥー教の言葉に由来するといわれている。

モヒート小話　Story behind Mojito

モヒートはアメリカの文豪、アーネスト・ヘミングウェイが愛したカクテルのひとつ。長年にわたってキューバのハバナで暮らしたヘミングウェイは、「ラ・ボデギータ・デル・メディオ」というレストラン・バーに通い、モヒートを楽しんでいた。

また、彼は「ダイキリ」（→P126）をこよなく愛していたことでも有名で、モヒートとダイキリそれぞれに行きつけの店があった。「わがダイキリはフロリディータにて、わがモヒートはボデギータにて」という言葉も残している。

文豪・ヘミングウェイも愛飲した キューバ生まれの爽快な一杯

Data

度数	22.5度
味わい	中口
技法	ビルド
TPO	オール

Recipe

ホワイト・ラム	45mℓ
ソーダ	少量
シュガー・シロップ	10mℓ
ライム	1/2個分
ミント・リーフ	10〜15枚

グラスにソーダを注ぎ、ミント・リーフを入れてペストルで潰し、ほかの材料とクラッシュド・アイスを加え、よくステアする。

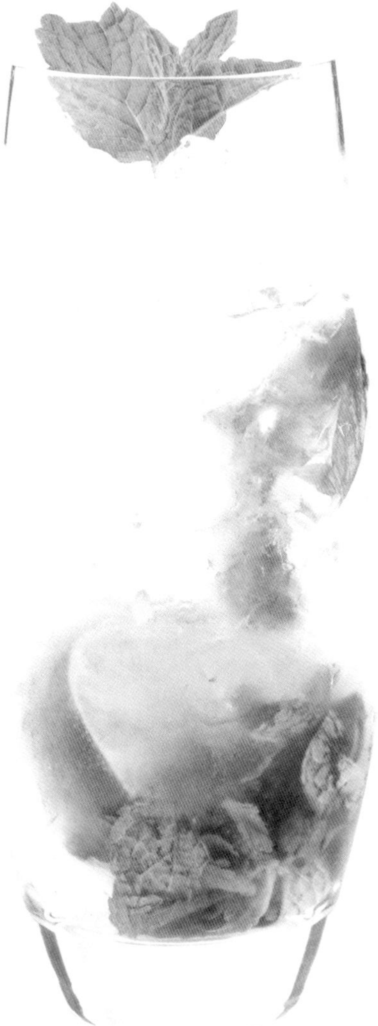

Tips & Advice

さまざまなフルーツやシロップを加えると、多様な味わいのモヒートが楽しめる。フルーツとの相性がよいので、おつまみにはレーズンがおすすめ。生チョコも合う。

マルガリータ

Margarita

マルガリータとは？

What's Margarita?

テキーラ・ベースのスタンダード・カクテルとして有名なマルガリータ。ホワイト・キュラソーの甘みとレモンの酸味が調和したこのカクテルは、1949年に、アメリカ・ロサンゼルスのバーテンダーであるジャン・デュレッサーが、若き日の恋人、マルガリータを偲(しの)んで作ったといわれる。

2人で狩猟に出かけたとき、マルガリータが流れ弾に当たって亡くなったという悲恋の物語がある。1967年以降、この話がイギリスのロンドンで披露されたことで、マルガリータとテキーラが世界中で流行した。

しかし、マルガリータの誕生については、メキシコ・アカプルコのマルガリータ・セイムという女性が考案したなど、いくつかの異説もある。

マルガリータ小話

Story behind Margarita

マルガリータのレシピには、さまざまなバリエーションがある。たとえば、ホワイト・キュラソーをブルー・キュラソーに替えた「ブルー・マルガリータ」は、透き通った海のような青色が印象的。

一方、クラッシュド・アイスとブレンドすることでシャーベット風に仕上げた「フローズン・マルガリータ」は、清涼感のある味わいで人気だ。

また、テキーラにオレンジ系リキュールのグラン・マルニエと、クランベリー・ドリンク、ライム・ジュースを加えると「マルガリータ・コスモ」に。フルーティーで甘酸っぱい味わいをソルト・スノー・スタイル（→P109）の塩が引き締めており、妖艶な風味が楽しめる。

甘みと酸味のバランスが絶妙
亡き恋人を偲んで作られたカクテル

Data

度数 30度
味わい 中辛口
技法 シェーク
TPO オール

Recipe

テキーラ	30mℓ
ホワイト・キュラソー	15mℓ
レモン・ジュース	15mℓ
塩	適量

テキーラ、ホワイト・キュラソー、レモン・ジュースを氷とシェークし、縁をソルト・スノー・スタイルにしたグラスに注ぐ。

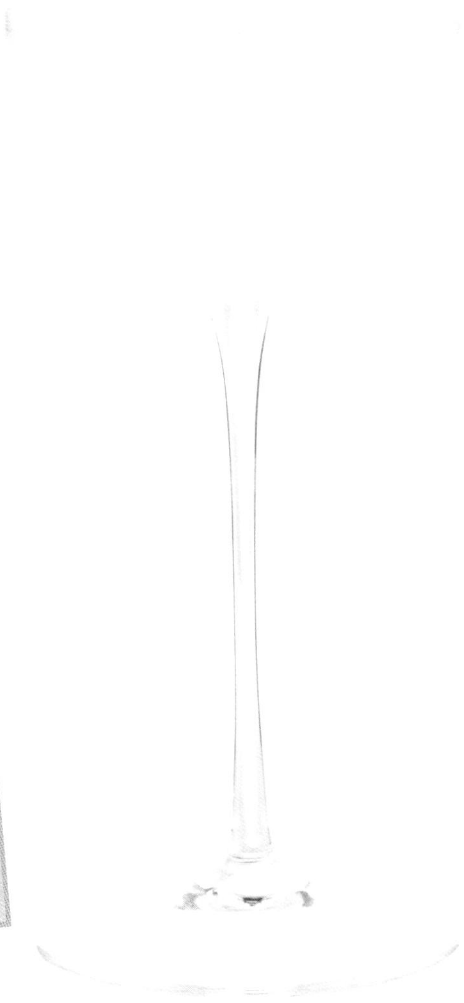

Tips & Advice

スノー・スタイルの塩がテキーラの味わいを引き立てることから、カニ、エビ、生ガキなどの魚介類をはじめ、カルパッチョや、香辛料の効いた料理におすすめ。

マンハッタン

Manhattan

マンハッタンとは?

What's Manhattan?

琥珀（こはく）色の凛とした姿が美しく、「カクテルの女王」と称されるマンハッタン。「カクテルの王様」と呼ばれる「マティーニ」（→P114）と並べば、キング＆クイーンの風格が漂う。マンハッタンが、バーボン・ウイスキーにスイート・ベルモットを加え、チェリーを添えたやや甘みのあるカクテルなのに対し、マティーニはドライ・ジンにドライ・ベルモットを加え、オリーブを添えた辛口のカクテル。佇まいだけでなく、レシピや味わいも対照的だ。

ちなみに、スイート・ベルモットをドライ・ベルモットに替えると「ドライ・マンハッタン」となり、チェリーではなくオリーブが添えられる。さらに、ベースのバーボン・ウイスキーをスコッチ・ウイスキーに替えると、「ロブ・ロイ」（→P177）というイギリス版・マンハッタンとなる。

マンハッタン小話

Story behind Manhattan

マンハッタンは19世紀から世界中で愛されてきたカクテルだが、その誕生については諸説ある。イギリス元首相、ウィンストン・チャーチルの母親がアメリカ・ニューヨークのマンハッタン・クラブで、アメリカ大統領選のパーティーを開いた際に考案したという説のほか、マンハッタンに落ちる夕日をイメージして作られたという説、あるバーで傷を負ったガンマンのために作られたという説などがある。

マンハッタンは禁酒法時代（→P24）のシカゴを舞台にした映画『お熱いのがお好き』に登場する。マリリン・モンローが演じる歌手のシュガーが、フロリダに向かう列車の中で、水枕やシンバルを使ってマンハッタンを作ろうとするシーンが有名だ。

奥深い味わいと高貴な装い
世界中で愛飲される"カクテルの女王"

Data

度数 31.9度
味わい 中辛口
技法 ステア
TPO 食前

Recipe

バーボン・ウイスキー（またはカナディアン・ウイスキー）……40mℓ
スイート・ベルモット……20mℓ
アンゴスチュラ・ビターズ……1dash
マラスキーノ・チェリー……1個

氷を入れたミキシング・グラスでチェリー以外の材料をステアして、カクテル・グラスに注ぎ、カクテル・ピンに刺したチェリーを入れる。

Tips & Advice

上品な味わいのウイスキー・カクテルなので、軽めのおつまみが合う。チョコレート、レーズン、フルーツなどがおすすめ。

オールド・ファッションド

Old-Fashioned

オールド・ファッションドとは？

What's Old-Fashioned?

19世紀半ばに誕生した、ウイスキー・ベースのスタンダードなカクテル。アメリカのケンタッキー・ダービーの開催地であるルイヴィルのバー「ペンデニス・クラブ」のバーテンダーが、店に集まる競馬ファンのために考えたといわれる。ヤシ酒を使った古風なドリンク「トディ」に似ていたことから、「オールド・ファッションド（古風な）」と名付けられたという。また、同クラブのメンバーで、バーボン・メーカーのオーナーであるジェームズ・E・ペッパーが創作したという説もある。

オールド・ファッションドは、グラスに入れた角砂糖に、数種類のスパイスやハーブを調合した「アンゴスチュラ・ビターズ」を染み込ませてからウイスキーやソーダを注ぐ。角砂糖をマドラーで潰しながら飲むと、独特の甘みと苦み、芳香が楽しめる。

オールド・ファッションド小話

Story behind Old-Fashioned

ここ数年、スタンダード・カクテルが注目されていることに加え、世界的にウイスキーの人気が高まっていることから、オールド・ファッションドも多くの人に飲まれている。イギリスの酒類専門誌『Drinks International（ドリンクス・インターナショナル）』が、世界のトップ・バーを調査して発表する「The World's Best-Selling Classic Cocktails 2021（世界で最も売れているクラシック・カクテル2021）」のランキングでは、オールド・ファッションドが第1位に選ばれている。

The World's Best-Selling Classic Cocktails 2021	
1位	オールド・ファッションド
2位	ネグローニ
3位	ダイキリ
4位	ドライ・マティーニ
5位	マルガリータ
6位	エスプレッソ・マティーニ
7位	ウイスキー・サワー
8位	マンハッタン
9位	アペロール・スプリッツ
10位	モヒート

出典：Drinks International

競馬ファンのために考案された自分好みの味で楽しむ一杯

Data

度数 31.3度
味わい 中辛口
技法 ビルド
TPO オール

Recipe

バーボン・ウイスキー	45mℓ
アンゴスチュラ・ビターズ	1dash
角砂糖	1個
ソーダ	少量
スライス・オレンジ	1枚
マラスキーノ・チェリー	1個
スライス・レモン	1枚

グラスに入れた角砂糖にアンゴスチュラ・ビターズを染み込ませ、ソーダ、氷とウイスキーを入れてフルーツを飾り、マドラーを添える。

Tips & Advice

マドラーで角砂糖やフルーツを潰しながら、好みの味に調整して楽しむのがおすすめ。おつまみには、燻製やハード・タイプのチーズ、ハムやソーセージなどを。

アイリッシュ・コーヒー

Irish Coffee

アイリッシュ・コーヒーとは?　What's Irish Coffee?

アイリッシュ・ウイスキーの豊かな香りと、ホット・コーヒーのほろ苦さ、そして角砂糖とホイップ・クリームの甘みが融合した、まろやかなホット・カクテル。寒い冬の夜にぴったりの一杯だ。

このカクテルが誕生したのは、1940年代後半のこと。アイルランドのシャノン空港にあるレストラン・バーのバーテンダー、ジョー・シェリダンが考案したといわれる。当時の航空機は飛行できる時間が短く、ヨーロッパ大陸から大西洋をダイレクトに横断することができず、シャノン空港に立ち寄って燃料を補給する必要があった。寒い中、飛行機を降りて給油を待つ乗客のために、ジョーはアイリッシュ・ウイスキーを使った温かいカクテルを提供したという。

ちなみに、アイリッシュ・ウイスキーをほかの酒に替えると別のカクテルに。たとえば、スコッチ・ウイスキーに替えると「ゲーリック・コーヒー」に、コニャックに替えると「ロイヤル・コーヒー（カフェ・ロワイヤル）」になる。

アイリッシュ・コーヒー小話　Story behind Irish Coffee

琥珀（こはく）色のウイスキーとコーヒー、そして、その上に浮かぶ真っ白なホイップ・クリームのコントラストが特徴のアイリッシュ・コーヒー。美しい色合いを楽しみつつ、熱々のコーヒーを注ぐことができ、さらに手に持ったときに熱くないよう、アイリッシュ・コーヒー専用のグラスを使っている店もある。ただ、一般的にはゴブレットやワイン・グラスで提供されることが多い。

冷えた体を温めてくれる
甘く香り高いホット・カクテル

Data

度数 5度
味わい 中甘口
技法 ビルド
TPO 食後

Recipe

アイリッシュ・ウイスキー	30mℓ
角砂糖	1個
ホット・コーヒー	適量
ホイップ・クリーム	適量

グラスに角砂糖を入れ、ウイスキー、ホット・コーヒーを入れて軽くステアし、ホイップ・クリームをフロートする。

Tips & Advice

手でグラスを包み込むと温かさが伝わり、ホッとする。食後の一杯として、軽くナッツや小粒のチョコレートをつまみながら、優雅なひとときを。

サイドカー

Sidecar

サイドカーとは？

What's Sidecar?

ブランデー・ベースの定番カクテル。柑橘系のリキュールとジュースがブランデーと調和し、フルーティーな味と香りが楽しめるが、最近はブランデーの風味をより引き立てる配合が好まれる傾向がある。

考案者については諸説あるが、最も有力なのは、1931年、フランス・パリにある「ハリーズ・バー」のバーテンダー、ハリー・マッケルホーンが創作したという説。サイドカー（側車）に乗ってやって来た陸軍大尉に捧げるべく、考案したといわれている。そのほか、イギリス・ロンドンの「バックス・クラブ」のチーフ・バーテンダー、パット・マクギャリーが考案したという説や、ある軍人が残り少なくなったブランデーをレモン・ジュースで割って飲んだことが始まりという説もある。

サイドカー小話

Story behind Sidecar

サイドカーはブランデーをベースにホワイト・キュラソーとレモン・ジュースを加え、氷を入れてシェークしたカクテルだが、ブランデーを別の酒に替えると、ほかの有名なカクテルができ上がる。

たとえば、ブランデーをドライ・ジンに替えると「ホワイト・レディ」（→P19）に。このカクテルはサイドカーと同じく、バーテンダー、ハリー・マッケルホーンが作ったといわれている。また、ブランデーをホワイト・ラムに替えると「エックス・ワイ・ジィ」（→P169）に、ウオッカに替えると「バラライカ」ができ上がる。そして、テキーラに替えてソルト・スノー・スタイルにしたグラスに注ぐと、「マルガリータ」（→P132）になる。

柑橘のさわやかさがブランデーと調和した華やかでフルーティーな味わい

Data

度数 30度
味わい 中辛口
技法 シェーク
TPO オール

Recipe

ブランデー …… 30mℓ
ホワイト・キュラソー …… 15mℓ
レモン・ジュース …… 15mℓ

シェーカーにすべての材料と氷を入れてシェークし、カクテル・グラスに注ぐ。シェーカーにスライス・オレンジを入れ、よりマイルドな味わいに仕上げる方法もある。

Tips & Advice

甘みと酸味が調和し、ブランデーの味と香りが加わった高貴な大人のカクテル。チョコレート、チーズ、ドライ・フルーツなどを軽くつまむのがおしゃれ。

カンパリ・ソーダ

Campari & Soda

カンパリ・ソーダとは?

What's Campari & Soda?

イタリアで生まれたリキュール「カンパリ」(→P66) を使ったカクテルの代表格で、世界中の人々に愛されている。

カンパリは1860年、カンパリ社の創業者であるガスパーレ・カンパリが何度も試作を繰り返した末に生み出したという。その後、またたく間に人気となり、噂を聞きつけたイタリア国王が、ガスパーレの酒屋を訪れたという逸話も残っている。

オレンジの果皮から抽出したカンパリを冷えたソーダで割ると、適度な苦みと甘みが際立ち、さらにオレンジを加えることで、清涼感のある味わいに。アペリティフ（食前酒）にぴったりの一杯だ。

カンパリ・ソーダ小話

Story behind Campari & Soda

カンパリは、誕生以来150年以上経った現在も、当時と同じレシピで造られている。また、そのレシピはごく一部の製造責任者にしか受け継がれていないという。そんな秘伝のレシピをもつリキュール、カンパリは、割材を替えると、さまざまなカクテルになる。

たとえば、オレンジ・ジュースで割ると「カンパリ・オレンジ」に、トニック・ウォーターで割ると「カンパリ・トニック」になる。また、グレープフルーツ・ジュースとトニック・ウォーターで割ると「スプモーニ」(→P181) ができ上がる。

さらに、カンパリと酒を合わせたカクテルも多く、ドライ・ジンをベースにした「ネグローニ」(→P120) や「カンパリ・カクテル」、ビールをベースにした「カンパリ・ビア」などがある。

ほどよい苦みと清涼感が心地よい カンパリの定番カクテル

Data

度数 8.3度
味わい 中口
技法 ビルド
TPO 食前

Recipe

カンパリ……45mℓ
ソーダ……適量
スライス・オレンジ……1/2枚
（またはオレンジ・ピール……1個）

氷を入れたタンブラーにカンパリを注ぎ、冷やしたソーダで満たして軽くステア。スライス・オレンジ（またはオレンジ・ピール）を飾る。

Tips & Advice

カンパリの苦みやオレンジの酸味に加え、炭酸が胃を刺激することで食欲を呼び覚ます効果がある。

カルーア・ミルク

Kahlua & Milk

カルーア・ミルクとは?

What's Kahlua & Milk?

グラスに注いだ「カルーア・コーヒー・リキュール」（→P68）に、牛乳をフロートさせたシンプルなカクテル。コーヒーの風味にバニラの甘みが加わったまろやかな飲み口で、カクテル初心者も飲みやすい。氷を入れて作ることが多いが、寒い冬には温めた牛乳でホット・カクテルにするのもおすすめだ。

現在、カルーア・ミルクは世界中で愛されているが、もともとは第二次世界大戦後、あらかじめミックスされたカルーア・ミルクが発売されたことがルーツといわれる。その後、1970年代頃からアメリカのボストンで流行。当時は、カルーアのオン・ザ・ロックに生クリームをフロートしていたという。

日本では、カクテルがブームとなった1980年代に、女性を中心に大人気となった。

カルーア・ミルク小話

Story behind Kahlua & Milk

コーヒーとバニラの風味が絶妙に調和したカルーア・コーヒー・リキュールは、1936年にメキシコのベラクルス州で誕生した。原料となるのは、ベラクルス州の高地で採れるアラビカ種のコーヒー豆。乾燥させた生豆を焙煎して挽（ひ）いてから、コーヒーを抽出する。その後、コーヒーと同じくベラクルス州のサトウキビを使ったスピリッツをはじめ、バニラやカラメルなどを加えて作られる。

「カルーア（Kahlua）」という名前の由来は諸説あるが、アラビア語でコーヒーを表す俗語「カワ（qahwah）」から付けられたといわれる。

コーヒーとバニラの豊かな風味を
ミルクとともに味わう一杯

Data

度数	12度
味わい	甘口
技法	ビルド
TPO	食後

Recipe

カルーア・コーヒー・リキュール	45mℓ
牛乳	適量

氷を入れたオールド・ファッションド・グラスにカルーア・コーヒー・リキュールを注ぎ、牛乳をフロートさせて、マドラーを添える。

Tips & Advice

甘くて飲みやすい味わいのカクテルなので、おつまみは、デザート的なチョコレート、ケーキ、クッキー、ナッツなどがおすすめ。

キール

Kir

キールとは？

What's Kir?

ワイン・ベースのカクテルとして、世界的に人気の高いキール。1945年、ワインの名産地であるフランス・ブルゴーニュのディジョン市で誕生した。第二次世界大戦後に初めて市長となったキャノン・フェリックス・キールが、地元産のワインとリキュールの「クレーム・ド・カシス」(→P64)を使って考案したといわれている。

クレーム・ド・カシスの艶やかな赤色が、ワインの原料となるブドウの収穫時期である秋を彷彿させる。また、その華やかな色合いと、香り高くフルーティーな味わいはパーティーに最適で、食前酒としてよく飲まれている。

キール小話

Story behind Kir

キールは白ワインとクレーム・ド・カシスを合わせたものだが、白ワインをシャンパンに替えると、「キール・ロワイヤル」(→P185) というカクテルになる。これはフランスの隣国ウィーンで生まれたといわれ、白ワインよりも高価なシャンパンを使っていることから、「ロワイヤル(王室の)」と名付けられたという。さらに、キール・ロワイヤルのクレーム・ド・カシスを、クレーム・ド・フランボワーズに替えると、「アンペリアル（皇帝の)」という意味をもつ「キール・アンペリアル」に。

そして、キールの白ワインを赤ワインに替えると、「カーディナル」というカクテルになる。「カーディナル」には「深紅色」という意味があるが、カトリックの高位聖職者である枢機卿（すうききょう）の赤いケープにちなんで名付けられたといわれている。

ブルゴーニュ地方のキール市長が考案
香り高く華やかなワイン・カクテル

Data

- **度数** 12.6度
- **味わい** 中口
- **技法** ビルド
- **TPO** 食前

Recipe

白ワイン	120mℓ
クレーム・ド・カシス	10mℓ

冷やしたワイン・グラスに冷やしたクレーム・ド・カシスを注ぎ、さらに冷やした白ワインを注いで、バー・スプーンでステアする。

Tips & Advice

白ワインにカシス・リキュールが溶け込んだ上品な味わいのカクテルなので、酸味のあるフルーツ全般と相性がよい。また、塩気のある生ハム、チキンの煮込みなどもおすすめ。

バンブー

Bamboo

バンブーとは?

What's Bamboo?

　バンブーは、明治時代に日本で初めて誕生したカクテル。横浜に創業したグランドホテル（現・ホテルニューグランド）で、アメリカから招かれたチーフ・バーテンダー兼支配人のルイス・エッピンガーが、1890年に創作したといわれる（→P25）。

　横浜を訪れる外国からのゲストに向け、日本をイメージして作られたバンブーは、ドライ・シェリーをベースとしたカクテル「アドニス」（→P26）にヒントを得たとされる。「アドニス」はドライ・シェリー、スイート・ベルモット、オレンジ・ビターズを氷と一緒にステアし、グラスに注いだカクテルだが、バンブーはスイート・ベルモットをドライ・ベルモットに替えることで、ほどよい辛口に仕上がっている。

　クリアでさわやかな味わいは、バンブー（＝竹）という名の通り、まるで空に向かってまっすぐ伸びる青竹のよう。中辛口でクセがなく、和食にも合う。まさに世界に誇る、日本を代表するスタンダード・カクテルといえよう。

バンブー小話

Story behind Bamboo

　バンブーは、横浜を訪れた外国人たちによって、日本からシンガポールやインドのマドラス（現チェンナイ）、ボンベイ（現ムンバイ）へと伝わった。その後、それぞれの土地でイギリス人の間で人気となり、ヨーロッパにも広まっていき、さらにアメリカのニューヨークまで伝わったという。

　現在は、アメリカのシェフたちの間で「すっきりとしたクリアな味わいが食前酒に最適」と評されている。

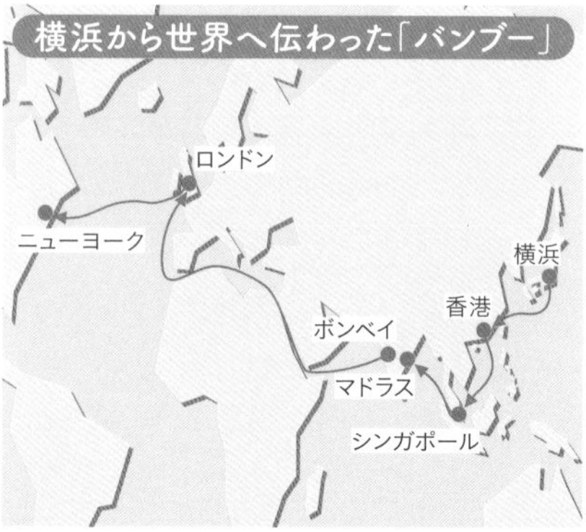

竹のようにクセのない味わいが特徴
日本をイメージして作られたカクテル

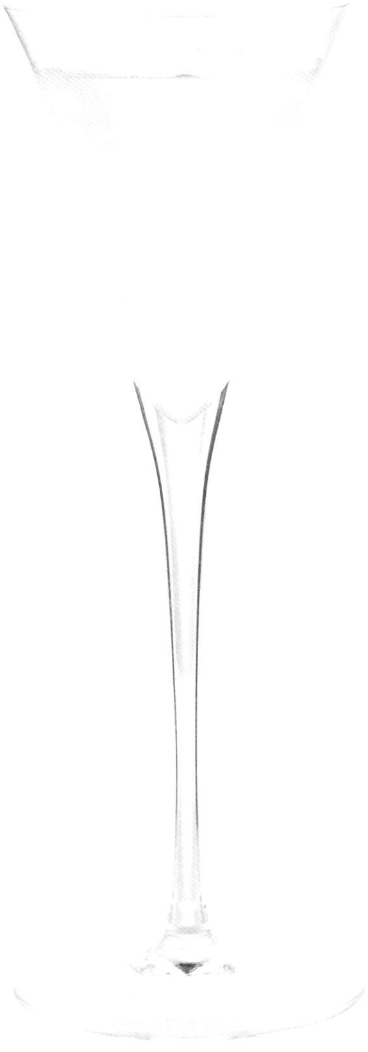

Data

度数	16.4度
味わい	中辛口
技法	ステア
TPO	食前

Recipe

ドライ・シェリー	40mℓ
ドライ・ベルモット	20mℓ
オレンジ・ビターズ	1dash

すべての材料を氷と一緒にステアし、カクテル・グラスに注ぐ。

Tips & Advice

すっきりとクリアな味わいのカクテルなので、生ハムや生ガキなど、塩気やクセのある食材と調和する。

ミモザ

Mimosa

ミモザとは?

What's Mimosa?

オレンジ・ジュースにシャンパンを加えるだけというシンプルなレシピでありながら、華やかな姿と飲みやすさで人気が高い。「この世で最もおいしく、贅沢なオレンジ・ジュース」とも呼ばれており、アルコール度数も低めだ。

もともとはフランスの上流階級の人々に愛されていた「シャンパン・ア・ロランジュ」というカクテルだったが、早春に咲くミモザの花色に似ていることから、「ミモザ」という愛称で親しまれるようになった。

ミモザ小話

Story behind Mimosa

ミモザは鮮やかな色合いが魅力だが、オレンジ・ジュースではなくグレープフルーツ・ジュースを使うと「ホワイト・ミモザ」というカクテルになる。ちなみに、ミモザと同じ材料を、氷を入れたタンブラーに注ぐと「バックス・フィズ」という別のカクテルに。これは、イギリスのロンドンにある「バックス・バー」で生まれたといわれている。

ミモザのほかにも、シャンパンやスパークリング・ワインを使ったカクテルは数多くある。たとえば、アンゴスチュラ・ビターズを染み込ませた角砂糖にシャンパンを注ぐと「シャンパン・カクテル」（→P15）に。これは、映画『カサブランカ』で、ハンフリー・ボガートがイングリッド・バーグマンに「君の瞳に乾杯」と語る名シーンに登場するカクテルだ。そのほか、スパークリング・ワインにピーチ・ネクターとグレナデン・シロップを合わせると「ベリーニ」（→P186）というカクテルになる。

早春に咲くミモザの花のように
美しく可憐なシャンパン・カクテル

Data

度数 6度
味わい 中口
技法 ビルド
TPO オール

Recipe

シャンパン …… 1/2glass
オレンジ・ジュース …… 1/2glass

シャンパン・グラスに冷やしたオレンジ・ジュースを注ぎ、冷やしたシャンパンを加える。

Tips & Advice

シャンパンとオレンジ・ジュースのシンプルな組み合わせが互いを引き立て、ほどよい酸味とシャンパンの口当たりは食前酒にもぴったり。スモークサーモンやシュリンプ・サラダなどがおすすめ。

レッド・アイ

Red Eye

レッド・アイとは？

What's Red Eye?

ビールの苦みとトマト・ジュースのさわやかな酸味が効いたレッド・アイは、ビール・ベースのカクテルのなかでも人気が高い一杯だ。トマトにはアルコールの分解を早める働きがあるため、昔から二日酔いのときに迎え酒として飲まれることがある。

また、ビールにトマト・ジュースを注ぎ入れたレッド・アイにウオッカを加えると、「レッド・バード」というカクテルに。ビールの苦みとトマト・ジュースの酸味、そしてウオッカのキレ味が調和した大人の味わいが楽しめる。このレッド・バードは、ウオッカにトマト・ジュースを加えたカクテル「ブラッディー・メアリー」(→P166)をビールで割ったものともいえる。

レッド・アイ同様、レッド・バードもブラッディー・メアリーも二日酔いに効果があるといわれ、迎え酒として飲む人もいる。

レッド・アイ小話

Story behind Red Eye

「レッド・アイ」という名前は、「少し飲み過ぎた翌朝の充血した赤い目」を表現しているという説がある。しかし、1980年代末に日本でも大ヒットしたトム・クルーズ主演の映画『カクテル』では、別の説が語られている。

ブライアン・ブラウンが演じるバーのマスター、ダグラス・コグランがレッド・アイを作るシーンでは、グラスにビールとトマト・ジュースを注ぎ、生卵を加える。そして、グラスの底から見た卵黄が、赤い目のように見えるため、「レッド・アイ」という名が付いたと語っている。

飲み過ぎたときの迎え酒に最適
トマトの酸味が効いた、すがすがしい一杯

Data

度数	2.5度
味わい	中口
技法	ビルド
TPO	オール

Recipe

ビール	1/2glass
トマト・ジュース	1/2glass

冷やしておいたピルスナー・グラスに、冷えたビールを2回に分けて注ぎ入れる。さらに、冷えたトマト・ジュースを注いで軽くステアする。基本は1：1の配分だが、好みでアレンジしてもよい。

Tips & Advice

苦みと酸味が調和した、飲みやすく後味のよいビア・カクテルの代表格。おつまみには野菜スティックやピクルスがおすすめ。

カクテル 味わいチャート

Chapter 4で紹介している20のカクテルを、アルコール度数とテイスト（甘口～辛口）によって、味わいチャートに示した。このチャートを参考に、自分の好みのカクテルを見つけよう。

- **甘口～中甘口**：デザート感覚で飲めて、食後酒にぴったり
- **中口～辛口**（アルコール度数低め）：食前酒や最初の一杯に
- **中辛口～辛口**（アルコール度数高め）：お酒の味わいを楽しめる

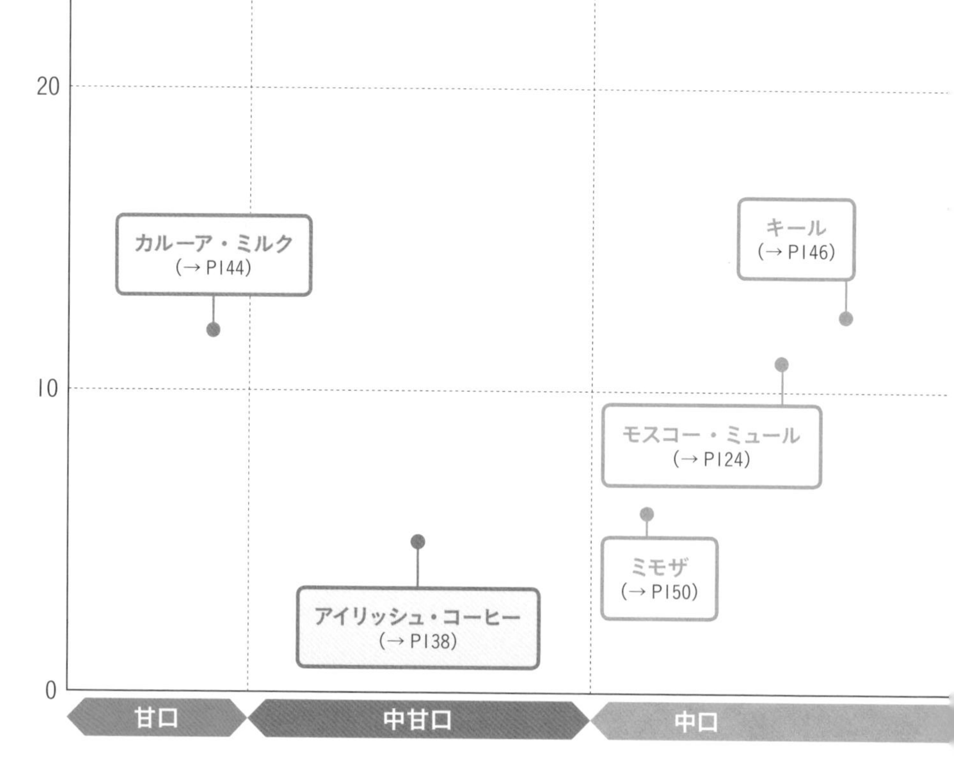

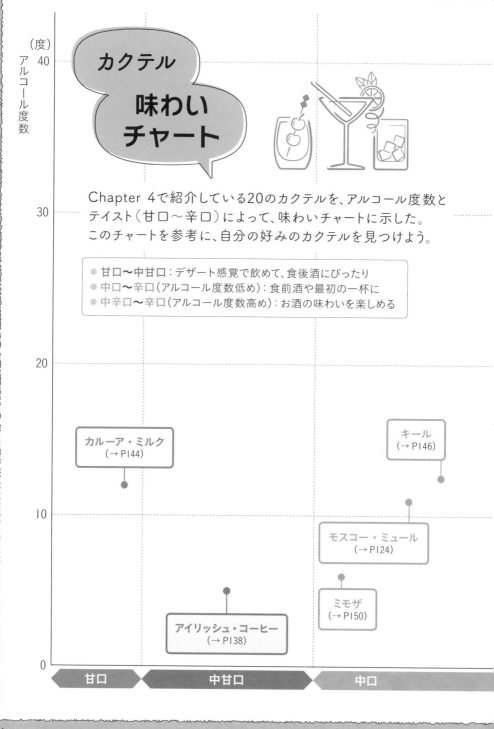

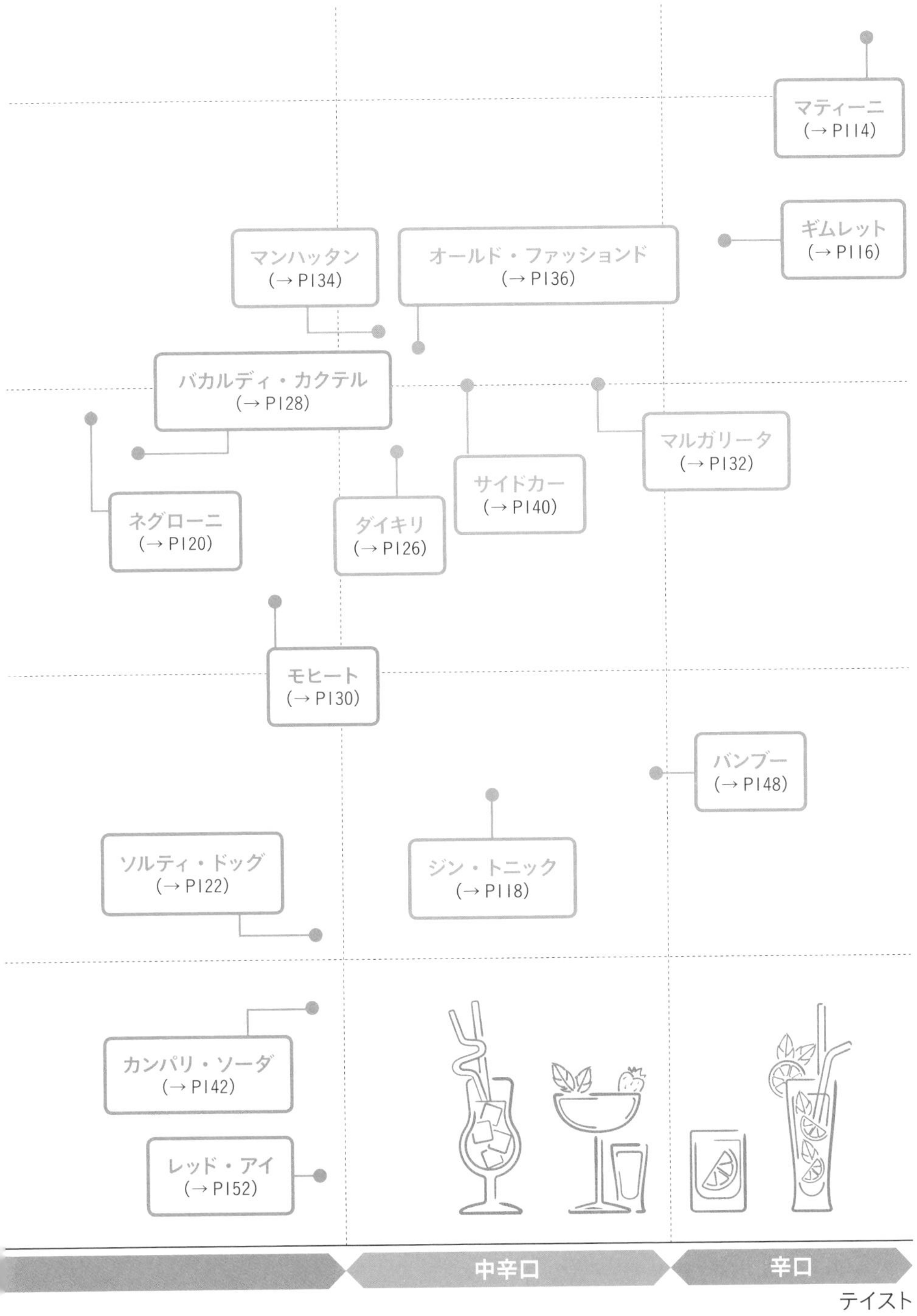
マティーニ (→P114)
ギムレット (→P116)
マンハッタン (→P134)
オールド・ファッションド (→P136)
バカルディ・カクテル (→P128)
サイドカー (→P140)
マルガリータ (→P132)
ネグローニ (→P120)
ダイキリ (→P126)
モヒート (→P130)
バンブー (→P148)
ソルティ・ドッグ (→P122)
ジン・トニック (→P118)
カンパリ・ソーダ (→P142)
レッド・アイ (→P152)
中辛口
辛口
テイスト

Column 記憶に残るバー&カクテル 3

Memorable Bar & Cocktail Experiences

活気とホスピタリティにあふれる「The Bar Hemingway（バー ヘミングウェイ）」

　フランス・パリの高級ホテル「リッツ・パリ」内にある「The Bar Hemingway（バー・ヘミングウェイ）」は、アメリカの文豪、アーネスト・ヘミングウェイが通っていた、世界的に有名なバーです。2005年、念願かなって訪れる機会がありました。壮麗なリッツに足を踏み入れるには覚悟が必要でしたが、バーに入ると雰囲気は一変。こぢんまりした店内は大にぎわいで、お客様がバーテンダーと挨拶を交わしたり談笑したりする光景が繰り広げられていました。高級ホテルの趣（おもむき）とはまた違った、活気と温かみのあるバーです。店内には、ヘミングウェイの写真や、彼が使っていた釣り具など、ゆかりの品が所狭しと飾られていました。

　バーテンダーは3人。彼らのキビキビとした動き、にこやかな笑顔での応対が印象的でした。お客様だけでなくバーテンダー自身もバーという空間を楽しんでいることが、彼らの仕事ぶりから伝わってきました。ホッとできる内装、ホスピタリティあふれるバーテンダーなど、さまざまな要素が交ざり合ってグッド・バーになり得るのだと実感。ぜひもう一度訪れたいバーです。

https://www.ritzparis.com/en-GB/fine-dining-paris/bar-hemingway

（京王プラザホテル 高野勝矢）

chapter 5

カクテルをもっと楽しもう

20のスタンダード・カクテル以外にも、
ユニークで魅力的なカクテルは数多くある。
その中から厳選した56のカクテルを、
ベースの酒ごとに紹介しよう。
お気に入りの一杯を見つけてほしい。

Gin Cocktails

ジン・ベースのカクテル

カクテル・ベースとして高い人気を誇るジン。
クセの少ないドライ・ジン（イギリス・ジン）がおもに使われ、
キレのあるすっきりとした飲み口のカクテルに仕上がる。
さまざまな味わいのジン・カクテルを紹介しよう。

シンガポールの名門ホテルで誕生
トロピカルな味わいの逸品

シンガポール・スリング

Singapore Sling

1915年にシンガポールの名門ラッフルズ・ホテルで誕生したカクテル。パイナップル・ジュースのフルーティーな味わいと、夕焼けのような美しい色が印象的な一杯。

10度 甘口 シェーク オール

Recipe

ドライ・ジン	30mℓ
ヒーリング・チェリー・リキュール	15mℓ
パイナップル・ジュース	120mℓ
ライム・ジュース	15mℓ
コアントロー	7.5mℓ
ベネディクティン DOM	7.5mℓ
グレナデン・シロップ	10mℓ
アンゴスチュラ・ビターズ	1dash
パイナップル(飾り用)	1/16個

パイナップル以外の材料をすべてシェークし、氷を入れたグラスに注ぎ、パイナップルを飾る。

※各カクテル紹介文下のアイコンは、順に 度数 味わい 技法 TPO を表す

大空を思わせ、爽快な気分にさせてくれる一杯

アラウンド・ザ・ワールド *Around the World*

「世界中の」という意味のカクテルで、飛行機の世界一周航路開航記念カクテル・コンクールの優勝作品。透き通ったグリーンの色合い、ミントの香り、パイナップル・ジュースのすっきりとした飲み口がさわやかな一杯だ。

34.8度 中甘口 シェーク オール

Recipe

ドライ・ジン	40mℓ
グリーン・ミント・リキュール	10mℓ
パイナップル・ジュース	10mℓ
ミント・チェリー	1個

ドライ・ジンとグリーン・ミント・リキュール、パイナップル・ジュースを氷と一緒にシェークしてカクテル・グラスに注ぎ、ミント・チェリーを飾る。

「オレンジの花」という名前のフルーティーなカクテル

オレンジ・ブロッサム *Orange Blossom*

アメリカの禁酒法時代（→P24）に、当時流通していた粗悪で匂いの強いジンをおいしく飲めるように、オレンジ・ジュースを加えたという逸話があるカクテル。フルーティーな味わいなので、食前酒としてもおすすめだ。

31.3度 中口 シェーク オール

Recipe

ドライ・ジン	40mℓ
オレンジ・ジュース	20mℓ

シェーカーにドライ・ジン、オレンジ・ジュースと氷を入れてシェークし、カクテル・グラスに注ぐ。これにオレンジ・キュラソーを加えると「ハワイアン」というカクテルになる。

ソーダの口当たりが爽快な、アメリカ南部生まれのカクテル

ジン・フィズ *Gin Fizz*

1888年にアメリカのニューオーリンズで誕生したといわれる、フィズ・スタイル（→P17）の代表的なカクテル。レモン・ジュースとソーダの口当たりがよく、飲みやすい。

15.7度 中辛口 シェーク オール

Recipe

- Ⓐ ドライ・ジン ……… 45mℓ
- Ⓐ レモン・ジュース ……… 20mℓ
- Ⓐ シュガー・シロップ ……… 10mℓ
- ソーダ ……… 適量
- スライス・レモン ……… 1枚
- マラスキーノ・チェリー ……… 1個

材料Ⓐと氷をシェークし、氷を入れたタンブラーに注いでソーダで満たし、レモンとチェリーを飾る。

闇夜に浮かぶ青い月をイメージさせるミステリアスな一杯

ブルー・ムーン *Blue Moon*

“飲む香水”ともいわれるスミレのリキュール、パルフェ・タムールをドライ・ジンに合わせた、優雅な気分になれる一杯。パルフェ・タムールはフランス語で「完全なる愛」という意味なので、特別な人と飲みたい。

29.5度 中口 シェーク オール

Recipe

- ドライ・ジン ……… 30mℓ
- パルフェ・タムール ……… 15mℓ
- レモン・ジュース ……… 15mℓ
- レモン・ピール ……… 1個

レモン・ピール以外の材料と氷をシェーカーに入れてシェークし、カクテル・グラスに注ぎ入れ、レモン・ピールを絞り入れる。

戦争の勝利を祈って作られた、上品な苦みが特徴のカクテル

フレンチ 75 *French 75*

第一次世界大戦中にパリで生まれたカクテルで、その名は当時最新鋭だった75mm口径の大砲に由来する。辛口のジン特有の風味をレモン・ジュースがやわらげ、フレッシュな味わいに仕上がっている。

19度 中辛口 シェーク オール

Recipe

- ドライ・ジン …… 45mℓ
- シャンパン …… 適量
- レモン・ジュース …… 20mℓ
- シュガー・シロップ …… 1tsp.

シャンパン以外の材料と氷をシェークし、シャンパン・グラス（フルート）に注ぎ、シャンパンで満たす。ドライ・ジンの代わりにバーボンやブランデーを使ったアレンジもある。

ジンの辛さのなかにアマレットの甘みが印象的

マリオネット *Marionette*

マリオネットは「操り人形」のこと。“恋のリキュール”アマレットが効いた、恋する相手に操られるような気分を表す甘い味わいだ。本書の監修者・渡邉一也の、第14回「HBA創作カクテルコンペティション」準優勝作品。

19度 中甘口 シェーク オール

Recipe

- Ⓐ ドライ・ジン …… 20mℓ
- Ⓐ アマレット …… 10mℓ
- Ⓐ グレープフルーツ・ジュース …… 30mℓ
- Ⓐ グレナデン・シロップ …… 1tsp.
- オレンジ・ピール …… 1個

材料Ⓐと氷をシェークし、カクテル・グラスに注ぎ、オレンジ・ピールを絞る。

日本で生まれ世界的に有名になったカクテルでリッチな気分に

ミリオン・ダラー *Million Dollar*

「100万ドル」という名にふさわしいリッチな味わいのカクテル。ルイス・エッピンガー（→P25）の作品で、銀座のカフェ・ライオンで提供され、世界に広まった。卵白の泡がなめらかな口当たり。

20.2度 中甘口 シェーク オール

Recipe

Ⓐ ドライ・ジン	45mℓ
Ⓐ スイート・ベルモット	15mℓ
Ⓐ パイナップル・ジュース	15mℓ
Ⓐ グレナデン・シロップ	1tsp.
Ⓐ 卵白	1個分
カット・パイナップル	1個

材料Ⓐと氷を十分にシェークしてシャンパン・グラス（ソーサー）に注ぎ、パイナップルを飾る。

横浜をイメージして作られた、郷愁を誘うカクテル

ヨコハマ *Yokohama*

港町・横浜の夕暮れどきをイメージしたような、美しい色合いのカクテル。ジン＋ウオッカとお酒は強めだが、オレンジ・ジュースの酸味とグレナデン・シロップの甘みが調和して、フルーティーな味わいに。

23度 中口 シェーク オール

Recipe

ドライ・ジン	20mℓ
ウオッカ	10mℓ
オレンジ・ジュース	20mℓ
グレナデン・シロップ	10mℓ
ペルノ	1dash

すべての材料と氷をシェークし、カクテル・グラスに注ぐ。

Vodka Cocktails

ウオッカ・ベースのカクテル

古くから愛されるウオッカは、まろやかでクセが少なく、
カクテル・ベースとしても重宝されてきた。
シンプルで飲みやすいカクテルから、ユニークなものまで、
ウオッカ・ベースのカクテルは種類が豊富だ。

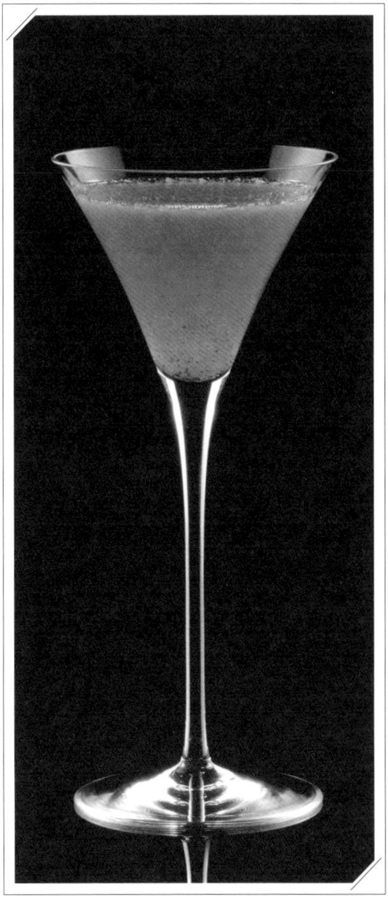

フルーティーな味わいと
美しいピンク色に魅了される

コスモポリタン

Cosmopolitan

果実系リキュールを代表するホワイト・キュラソーのオレンジの香味が、ライム・ジュースおよびクランベリー・ジュースの風味とマッチしたフルーティーなカクテル。名前の通り「全世界」で愛される味わいだ。

20度 中口 シェーク オール

Recipe

ウオッカ	20mℓ
ホワイト・キュラソー	10mℓ
クランベリー・ジュース	20mℓ
ライム・ジュース	10mℓ

シェーカーにすべての材料と氷を入れてシェークし、カクテル・グラスに注ぐ。

ジャズの名曲タイトルに由来する情熱的なカクテル

キッス・オブ・ファイヤー *Kiss of Fire*

1953年、第5回「オール・ジャパン・ドリンクス・コンクール」で優勝した、バーテンダー石岡賢司氏の作品。スロー・ジンのベリー系の甘酸っぱさとドライ・ベルモットのフレーバーが、魅惑的な味を生み出す。

25.8度　中辛口　シェーク　オール

Recipe

ウオッカ	20mℓ
スロー・ジン	20mℓ
ドライ・ベルモット	20mℓ
レモン・ジュース	1tsp.
砂糖	適量

砂糖以外の材料と氷をシェークし、縁を砂糖でスノー・スタイルにしたカクテル・グラスに注ぎ入れる。

アメリカ西海岸生まれの甘酸っぱくさっぱりした一杯

シー・ブリーズ *Sea Breeze*

「海のそよ風」という名前の通り、さわやかな味わいのカクテル。クランベリー・ジュースとグレープフルーツ・ジュースのすっきりとした酸味が飲みやすく、アルコール度数もあまり高くない。特に女性に人気がある。

10度　中口　シェーク　オール

Recipe

ウオッカ	30mℓ
クランベリー・ジュース	45mℓ
グレープフルーツ・ジュース	45mℓ

シェーカーにウオッカ、クランベリー・ジュース、グレープフルーツ・ジュースと氷を入れてシェークし、氷を入れたコリンズ・グラスに注ぐ。好みでランの花を飾ってもよい。

油田作業員が考えた飲み方、ウオッカ＋オレンジ・ジュース

スクリュードライバー *Screwdriver*

イランの油田で働いていたアメリカ人たちが、ウオッカをオレンジ・ジュースで割って飲んだのが始まりといわれる。彼らがマドラーの代わりにねじ回し（スクリュードライバー）でステアしたことからこの名が付いた。

13.3度 中口 ビルド オール

Recipe

ウオッカ	45mℓ
オレンジ・ジュース	適量
スライス・オレンジ	1/2枚

タンブラーに氷を入れ、ウオッカを注いで、オレンジ・ジュースで満たし、ステアしてスライス・オレンジを飾る。マドラーを添えるのは、ねじ回しでカクテルを混ぜていた名残。

ハワイで生まれたトロピカル・カクテルの定番

チチ *Chi-Chi*

チチは「粋な、スタイリッシュな」といった意味の俗語。パイナップル・ジュースとココナッツ・ミルクで甘くやわらかな口当たりに。

7.7度 甘口 シェーク オール

Recipe

Ⓐ ウオッカ	30mℓ
Ⓐ パイナップル・ジュース	80mℓ
Ⓐ ココナッツ・ミルク	45mℓ
カット・パイナップル	1個
スライス・オレンジ	数枚
マラスキーノ・チェリー	1個
ランの花	1個

材料Ⓐをシェークして、クラッシュド・アイスを詰めたグラス（ゴブレット）に注ぎ、フルーツとランの花を飾ってストローを添える。

コーヒー・リキュールの香ばしく甘い風味が特徴

ブラック・ルシアン *Black Russian*

1950年頃にベルギーのホテル・メトロポールで考案された、ウオッカにコーヒー・リキュールを合わせたカクテル。ベースをブランデーに替えると「ダーティー・マザー」というカクテルになるなど、バリエーションが豊富。

33.3度 中甘口 ビルド オール

Recipe

ウオッカ …… 40mℓ
コーヒー・リキュール …… 20mℓ

氷を入れたオールドファッションド・グラスにウオッカとコーヒー・リキュールを注ぎ、バー・スプーンで軽くステアする。また、シェーカーにすべての材料と氷を入れてシェークするレシピもあり、口当たりがまろやかに仕上がる。

血塗られた歴史を物語る、個性的なカクテル

ブラッディー・メアリー *Bloody Mary*

二日酔いに効くとされるカクテル。「血まみれのメアリー」を意味する名前は、16世紀にプロテスタントを迫害したイングランド女王、メアリー1世に由来する。好みでタバスコ、ウスターソース、塩、コショウを加えてもよい。

10.9度 中口 ビルド オール

Recipe

ウオッカ …… 45mℓ
トマト・ジュース …… 適量
カット・レモン …… 1個
スティック・セロリ …… 1本

氷を入れたコリンズ・グラスにウオッカとトマト・ジュースを入れてステアし、グラスの縁にカット・レモンを飾りスティック・セロリを添える。

山形の雪景色をイメージした情緒あふれるカクテル

雪国 *Yukiguni*

1958年、寿屋（現在のサントリー）主催のカクテル・コンクールで優勝した山形のバーテンダー、井山計一氏の作品。山形の雪景色のような美しさと味わいが印象的だ。雪国の誕生秘話は映画『YUKIGUNI』で描かれている。

30度 中辛口 シェーク オール

Recipe

Ⓐ ウオッカ	30mℓ
Ⓐ ホワイト・キュラソー	15mℓ
Ⓐ コーディアル・ライム・ジュース	15mℓ
砂糖	適量
ミント・チェリー	1個

材料Ⓐと氷をシェークし、砂糖でスノー・スタイルにしたカクテル・グラスに注ぎ、ミント・チェリーを沈める。

グリーンティーとパイナップルの風味がハーモニーを奏でる

レイク・クイーン *Lake Queen*

1984年のサントリー主催カクテル・コンペティションで優勝した、本書の監修者・渡邉一也の創作カクテル。グリーンティー・リキュールの緑色が湖（レイク）を思わせ、やさしい飲み口は女王（クイーン）をイメージさせる。

22度 甘口 シェーク 食後

Recipe

ウオッカ	20mℓ
グリーンティー・リキュール	20mℓ
パイナップル・ジュース	10mℓ
フレッシュ・クリーム	10mℓ

すべての材料と氷をシェークし、カクテル・グラスに注ぐ。

Rum Cocktails

ラム・ベースのカクテル

サトウキビ特有の風味をもつラム。クセの少ないホワイト・ラムが誕生したことにより、カクテルにも用いられるようになった。リゾート感のあるカラフルなトロピカル・カクテルによく使われ、カリブ海地域の地名や関連する名を冠したものも多い。

"トロピカル・カクテルの女王"の名にふさわしい華やかで甘美な一杯

マイタイ *Mai-Tai*

マイタイとはタヒチ語で「最高」という意味。甘美な味わいと豪華な見た目で人気のトロピカル・カクテルだ。好みのフルーツで華やかに飾ろう。

18.2度 中甘口 ビルド オール

Recipe

Ⓐ	ホワイト・ラム	30mℓ
Ⓐ	ゴールド・ラム	30mℓ
Ⓐ	ジャマイカ・ダーク・ラム	15mℓ
Ⓐ	パイナップル・ジュース	45mℓ
Ⓐ	オレンジ・ジュース	30mℓ
	グレナデン・シロップ	15mℓ
	マラスキーノ・チェリー	1個
	カット・パイナップル	1個
	スライス・オレンジ	1枚
	ランの花	1個

グレナデン・シロップを入れ、クラッシュド・アイスを詰めたマイタイ・グラスに材料Ⓐを順に注ぎ、好みのフルーツや花を飾る。

創作者の自信と誇りが込められた"最高のカクテル"

エックス・ワイ・ジィ *X.Y.Z.*

X、Y、Zはアルファベットの最後の3文字、つまり「最後のカクテル＝これ以上のものはない最高のカクテル」を意味するという。柑橘系の甘みと酸味が溶け合って、飲みやすい口当たりに仕上がっている。

30度 中辛口 シェーク オール

Recipe

ホワイト・ラム ………… 30mℓ
ホワイト・キュラソー ………… 15mℓ
レモン・ジュース ………… 15mℓ

すべての材料と氷をシェークし、カクテル・グラスに注ぐ。ベースをブランデーに替えると「サイドカー」（→P140）になる。

自由への賛歌、ラムとコーラのシンプルな組み合わせ

キューバ・リバー（キューバ・リブレ） *Cuba Libre*

19世紀末の第二次キューバ独立戦争の合言葉「Viva Cuba Libre!（自由なキューバ万歳！）」にちなんで考案されたカクテル。濃厚なラムとさわやかなコーラの相性がぴったりの一杯だ。別名「ラム・コーク」。

13.3度 中口 ビルド オール

Recipe

ホワイト・ラム ………… 45mℓ
コーラ ………… 適量
ライム ………… 1/2個

タンブラーにライムを搾り入れてホワイト・ラムを注ぎ、氷を入れてステア。さらに冷えたコーラで満たし、軽くステアする。ライムは好みで酸味を調整してもよい。

港町・横浜で生まれたさわやかな味わいの一杯

ジャック・ター *Jack Tar*

横浜の老舗バー、ウインドジャマーで誕生した「水夫」という意味のカクテル。アルコール度数75.5度の強烈なラムの風味をすっきりとした味わいに仕上げている。横浜をはじめ多くのバーで飲まれている。

34.9度 中口 シェーク オール

Recipe

Ⓐ	151プルーフ・ラム	30mℓ
Ⓐ	サザン・カンフォート	25mℓ
Ⓐ	コーディアル・ライム・ジュース	25mℓ
	カット・ライム	1個

材料Ⓐを氷と一緒にシェークして、クラッシュド・アイスを詰めたオールドファッションド・グラスに注ぎ、カット・ライムを飾る。

カリブ海発、リゾート気分になるフルーツ満載のカクテル

ピニャ・コラーダ *Piña Colada*

パイナップル（スペイン語でピニャ）をたっぷり使ったトロピカルなカクテル。プエルトリコで生まれ、マイアミからニューヨークで大流行した。フローズン・スタイルもある。

8.6度 甘口 シェーク オール

Recipe

Ⓐ	ホワイト・ラム	30mℓ
Ⓐ	パイナップル・ジュース	80mℓ
Ⓐ	ココナッツ・ミルク	30mℓ
	カット・パイナップル	1個
	スライス・オレンジ	数枚
	マラスキーノ・チェリー	1個
	ランの花	1個

材料Ⓐをシェークし、クラッシュド・アイスを詰めたグラスに注ぎ、フルーツなどを飾る。

フローズン・スタイルの代名詞、清涼感あふれる一杯

フローズン・ダイキリ *Frozen Daiquiri*

ダイキリ（→P126）をフローズン・スタイルにしたもので、フローズン・カクテルの先駆け。雪のようなシャーベット状の見た目が清涼感を誘い、暑い季節に最適の一杯だ。文豪ヘミングウェイが愛飲したことでも有名。

25.7度　中口　ブレンド　オール

Recipe

ホワイト・ラム …… 45mℓ
ライム・ジュース …… 15mℓ
シュガー・シロップ …… 10mℓ

ブレンダーにすべての材料とクラッシュド・アイスを入れ、シャーベット状になるようブレンド。これを大型のシャンパン・グラスにきれいに盛り、ストローを添える。

ラムのキレ味と炭酸の清涼感が魅力のシティ・カクテル

ボストン・クーラー *Boston Cooler*

「クーラー」は、スピリッツにレモンなどのジュースと甘みを加えて炭酸飲料で満たすロング・ドリンクのスタイル（→P16）。ラムと相性のよいジンジャー・エールを合わせた一杯は、暑い日におすすめ。

13.3度　中口　シェーク　オール

Recipe

ホワイト・ラム …… 45mℓ
レモン・ジュース …… 20mℓ
シュガー・シロップ …… 10mℓ
ジンジャー・エール …… 適量

ホワイト・ラムとレモン・ジュース、シュガー・シロップ、氷をシェークして、氷を入れたグラスに注ぎ、ジンジャー・エールで満たして軽くステアする。

Tequila Cocktails

テキーラ・ベースのカクテル

テキーラを使ったカクテルには、オレンジやグレープフルーツ、
パイナップルなどのジュースやリキュールをミックスした
フルーティーでさわやかなものが多い。シャープな味わいの
「ブランコ（ホワイト・テキーラ）」がよく使われる。

テキーラの産地・メキシコでよく飲まれているカクテル

パローマ　*Paloma*

テキーラの甘さとシャープさに、グレープフルーツ・ジュースとソーダのさわやかさがマッチした、さっぱり味のカクテル。塩が加わることで味が引き締まる。アルコール度数が低めなので、飲みやすい。

10度　中口　ビルド　オール

Recipe

テキーラ	30mℓ
グレープフルーツ・ジュース	30mℓ
ソーダ	適量
塩	適量

塩でスノー・スタイルにしたグラスに氷とテキーラ、グレープフルーツ・ジュース、ソーダを入れて軽くステア。好みでカット・ライムを添えてもよい。

スロー・ジンの甘酸っぱさが引き立つ、淡いピンク色の一杯

スロー・テキーラ *Sloe Tequila*

テキーラと相性のよいレモン・ジュースに、スローベリー（西洋スモモ）のリキュールであるスロー・ジンを合わせたカクテル。さっぱりした甘酸っぱさのなかに、ほのかな苦みが感じられる、絶妙なバランスの味わいだ。

26.5度 中口 シェーク オール

Recipe

テキーラ …… 30mℓ
スロー・ジン …… 15mℓ
レモン・ジュース …… 15mℓ
スティック・キュウリ …… 1本

シェーカーにスティック・キュウリ以外の材料と氷を入れてシェークし、クラッシュド・アイスを入れたオールドファッションド・グラスに注ぎ、スティック・キュウリを飾る。

燃えるような朝焼けを表現した情熱のカクテル

テキーラ・サンライズ *Tequila Sunrise*

暁の空に昇りつつある太陽を表した絶妙な色合いが印象的な一杯。イギリスのロック・グループ、ザ・ローリング・ストーンズのミック・ジャガーがほれ込み、世界に広めた。テキーラ人気を不動のものにしたカクテルだ。

13.3度 中甘口 ビルド オール

Recipe

テキーラ …… 45mℓ
オレンジ・ジュース …… 90mℓ
グレナデン・シロップ …… 2tsp.
スライス・オレンジ …… 1/2枚
マラスキーノ・チェリー …… 1個

グラス（ゴブレット）に氷、テキーラ、オレンジ・ジュースを入れてステア。グレナデン・シロップを沈め、果実類を飾る。

勇ましい名前とは裏腹な口当たりのよいカクテル

マタドール *Matador*

マタドールはスペイン語で「闘牛士」の意味。テキーラのパンチの効いた味わいを、闘牛士のマントさながらにパイナップル・ジュースとライム・ジュースで包み込んだ、さわやかで甘酸っぱい風味の一杯。

13.3度 中甘口 シェーク オール

Recipe

テキーラ …… 30mℓ
パイナップル・ジュース …… 45mℓ
ライム・ジュース …… 15mℓ

シェーカーにすべての材料と氷を入れてシェークし、氷を入れたオールドファッションド・グラスに注ぐ。

“昇る朝日”の美しさを感じるカクテルの名作

ライジング・サン *Rising Sun*

1963年の「調理師法施行10周年記念カクテル・コンペティション」で厚生大臣賞を受賞した、伝説のバーテンダー・今井清氏の作品。チェリーが日の出を、スノー・スタイルが朝雲を表している。 32.8度 中口 シェーク オール

Recipe

Ⓐ テキーラ …… 30mℓ
Ⓐ シャルトリューズ（イエロー） …… 20mℓ
Ⓐ コーディアル・ライム・ジュース …… 10mℓ
スロー・ジン …… 1tsp.
塩 …… 適量
マラスキーノ・チェリー …… 1個

材料Ⓐと氷をシェークして、塩でスノー・スタイルにしたカクテル・グラスに注ぎ、チェリーを沈めて静かにスロー・ジンを落とす。

Whisky Cocktails

ウイスキー・ベースのカクテル

ウイスキーはストレートやロックで飲むイメージが強いが、
ウイスキー・ベースのカクテルも数多く存在する。
生産地ごとに個性が異なるウイスキーは、カクテルによって
スコッチ、バーボンなどと、種類を使い分けることが多い。

ウイスキーを“飲みやすく”した
爽快な味わいの一杯

ミント・ジュレップ

Mint Julep

「ジュレップ」とはペルシアで苦い薬を飲みやすくした甘い飲料のことで、それがアメリカで“飲みやすいもの”と解釈されたという。このカクテルは、初夏に開かれる競馬レース「ケンタッキー・ダービー」の名物でもある。

29.3度 中辛口 ビルド オール

Recipe

バーボン・ウイスキー	60mℓ
ソーダ	少量
シュガー・シロップ	1tsp.
ミント・リーフ	適量
ミント・リーフ（飾り用）	適量

コリンズ・グラスにミント、ソーダ、シロップを入れてペストルで潰し、クラッシュド・アイスを詰め、ウイスキーを注いでよくステア。飾り用のミントとストローを添える。

ウイスキーをソーダで割ったシンプルな一杯

ウイスキー・ソーダ（ハイボール） *Whisky Soda*

「ハイボール」の名でなじみがある、気軽に飲めるカクテル。好みでスライス・レモンやレモン・ピールを入れる場合もある。使用するウイスキーによって「バーボン・ハイボール」「ライ・ハイボール」など呼び方が変わる。

13.3度 辛口 ビルド オール

Recipe

ウイスキー …… 30〜45mℓ
ソーダ …… 適量

タンブラーに氷を入れてウイスキーを注ぎ、冷えたソーダを8分目まで入れて軽くステアする。

雄大な谷を思わせる美しいグリーンのカクテル

キングス・バレイ *King's Valley*

1986年の第1回「スコッチウィスキー・カクテルコンクール」で優勝した、上田和男氏の作品。ウイスキーの香りにライム・ジュースとブルー・キュラソーのさわやかさが加わり、さっぱりした飲み口に。美しい緑色が特徴。(→P190)

33度 中辛口 シェーク オール

Recipe

スコッチ・ウイスキー …… 40mℓ
ホワイト・キュラソー …… 10mℓ
ライム・ジュース …… 10mℓ
ブルー・キュラソー …… 1tsp.

すべての材料と氷をシェークし、カクテル・グラスに注ぐ。

“王家の秘酒”を使った重厚な味わいのカクテル

ラスティ・ネイル　*Rusty Nail*

「ラスティ・ネイル」は「さびた釘（くぎ）」の意味で、カクテルの色合いから名付けられたといわれる。40種類ものスコッチ・ウイスキーにハーブとハチミツを加えたドランブイは、かつて“王家の秘酒”ともいわれた。その重厚な味わいがスコッチ・ウイスキーと溶け合って、至高の味わいを生み出す。

Recipe　40度　甘口　ビルド　食後

スコッチ・ウイスキー …… 40mℓ
ドランブイ …… 20mℓ

オールドファッションド・グラスにロック・アイスを入れ、ドランブイとスコッチ・ウイスキーを注ぎ、バー・スプーンでステアする。ミキシング・グラスでステアしてからカクテル・グラスに注ぐレシピもある。

義賊（ぎぞく）の愛称を冠した“スコットランド風マンハッタン”

ロブ・ロイ　*Rob Roy*

マンハッタン（→P134）のベースをスコッチに替えたカクテル。ロンドンの名門ホテル「ザ・サヴォイ」のハリー・クラドックが考案した。ロブ・ロイは、“紅毛のロバート”とも呼ばれてスコットランドで人気があった義賊の愛称。

Recipe　33.9度　中辛口　ステア　食前

スコッチ・ウイスキー …… 45mℓ
スイート・ベルモット …… 15mℓ
アンゴスチュラ・ビターズ …… 1dash
マラスキーノ・チェリー …… 1個

ミキシング・グラスにマラスキーノ・チェリー以外の材料と氷を入れてステアし、カクテル・グラスに注いで、カクテル・ピンに刺したチェリーを飾る。

Brandy Cocktails

ブランデー・ベースのカクテル

ブランデーは果実の香りや味わいの成分が豊富なので、
ブランデーをベースとしたカクテルは、濃厚で香り高く、
フルーティーなものが多い。産地によって特色の異なる
ブランデーを用いた、バラエティ豊かなカクテルを楽しもう。

美しき王女に捧げられた
甘くクリーミーなカクテル

アレキサンダー

Alexander

19世紀中頃、英国のエドワード皇太子（後のエドワード7世）とアレクサンドラ王女の婚礼記念に作られたカクテル。香り高く風味豊かなコニャックとクレーム・ド・カカオの甘みを、生クリームでまろやかに仕上げた一杯。

26度　甘口　シェーク　食後

Recipe

ブランデー（コニャック）……30mℓ
クレーム・ド・カカオ……15mℓ
生クリーム……15mℓ
ナツメグ……適量

シェーカーにブランデー、クレーム・ド・カカオ、生クリームと氷を入れて十分にシェークし、カクテル・グラスに注いでナツメグを振りかける。

最高格のアップル・ブランデーを用いた、こだわりの一杯

ジャック・ローズ *Jack Rose*

カクテル名は、アメリカ産のアップル・ブランデー「アップル・ジャック」に由来する。しかし、フランス・ノルマンディー地方の特産であるアップル・ブランデーの最高格、カルヴァドスを使うのが定石だ。

20度 中甘口 シェーク オール

Recipe

カルヴァドス 30mℓ
ライム・ジュース 20mℓ
グレナデン・シロップ 10mℓ

シェーカーにすべての材料と氷を入れてシェークし、カクテル・グラスに注ぎ入れる。

甘い夢へと誘う、セクシーな意味にもとれる名前のカクテル

ビトウィン・ザ・シーツ *Between the Sheets*

「シーツの間」、つまり「ベッドに入って」という意味深なネーミングにドキッとする。ブランデーとラム、ホワイト・キュラソーという3種のアルコールの組み合わせで度数が高めなので、ナイトキャップ(寝酒)におすすめ。

36.9度 甘口 シェーク 食後

Recipe

ブランデー 20mℓ
ホワイト・ラム 20mℓ
ホワイト・キュラソー 20mℓ
レモン・ジュース 1tsp.

シェーカーにすべての材料と氷を入れてシェークし、カクテル・グラスに注ぐ。

ブランデーとアマレットが見事にマッチした優雅なカクテル

フレンチ・コネクション *French Connection*

1971年に製作されたジーン・ハックマン主演のアメリカ映画『フレンチ・コネクション』にちなんで名付けられたカクテル。ブランデーの芳醇な風味と、アマレットのもつアーモンド香の甘い味わいは、相性抜群だ。

36度 甘口 ビルド 食後

Recipe

ブランデー ……… 40mℓ
アマレット ……… 20mℓ

氷を入れたオールドファッションド・グラスにブランデーとアマレットを注ぎ入れ、バー・スプーンで軽くステアする。日本でのレシピは比較的ブランデーの比重が高いといわれる。

馬の首に見立てたレモンの皮が特徴的な、遊び心あふれる一杯

ホーセズ・ネック *Horse's Neck*

らせん状にむいたレモンの皮が「馬の首」のように見える、楽しいカクテル。ブランデーとジンジャー・エールを合わせたさわやかな飲み口で、アメリカのセオドア・ルーズベルト大統領も愛飲したという。

13.3度 中口 ビルド オール

Recipe

ブランデー ……… 45mℓ
ジンジャー・エール ……… 適量
レモンの皮 ……… 1個分

レモンの皮をらせん状にむき、グラスの縁にかけて内側に垂らす。レモンの皮の間に入れ込むように氷を入れ、ブランデーを注ぎ、ジンジャー・エールで満たして軽くステアする。

Liqueur Cocktails

リキュール・ベースのカクテル

リキュールを使ったカクテルは、原料の種類によって、
爽快な飲み口のものから濃厚な甘口のものまで、味わいが幅広い。
ジンやブランデーなど、ほかの酒とミックスすることも多い。
美しい色合いと多種多様な風味が魅力のカクテルを見ていこう。

カンパリの香味をさわやかに味わう
イタリア生まれのカクテル

スプモーニ

Spumoni

「カンパリ・ソーダ」（→P142）や「カンパリ・オレンジ」と並び、カンパリの風味を堪能できるカクテル。「泡立つ」という意味のイタリア語、spumare（スプマーレ）から名付けられた。アルコール度数が低めなので気軽に楽しめる。

5.6度　中口　ビルド　オール

Recipe

カンパリ	30mℓ
グレープフルーツ・ジュース	45mℓ
トニック・ウォーター	適量

氷を入れたタンブラーにカンパリとグレープフルーツ・ジュースを注ぎ、ステア。さらに冷えたトニック・ウォーターで満たし、軽くステアする。

イタリアのリキュールを使った、「アメリカ人」という名の食前酒

アメリカーノ *Americano*

カンパリとベルモットという、イタリアを代表するリキュールをソーダで割ったアペリティフ(食前酒)。カンパリのほろ苦さとスイート・ベルモットの甘さが食欲をそそる。カクテル名はイタリア語で「アメリカ人」の意味。

15度 中口 ビルド 食前

Recipe

- カンパリ …… 30mℓ
- スイート・ベルモット …… 30mℓ
- ソーダ …… 適量
- レモン・ピール …… 1個

氷を入れたグラスにカンパリとスイート・ベルモットを注いでステア。これを冷えたソーダで満たして軽くステアし、レモン・ピールを絞り入れる。

ミントの香りとカカオの香ばしさが溶け合った食後酒の定番

グラスホッパー *Grasshopper*

ミントの香りがさわやかな食後カクテル。「バッタ」という名前の通り、グリーンの色合いが印象的だ。ブラウンのクレーム・ド・カカオを使うと茶色のグラスホッパーになり、「茶バッタ」という愛称が付いている。

15度 甘口 シェーク 食後

Recipe

- グリーン・ミント・リキュール …… 20mℓ
- クレーム・ド・カカオ(ホワイト) …… 20mℓ
- 生クリーム …… 20mℓ

シェーカーにすべての材料と氷を入れて十分にシェークし、カクテル・グラスに注ぎ入れる。

ピーチとオレンジがさわやかにマッチしたジューシーな一杯

ファジー・ネーブル *Fuzzy Navel*

ピーチ・リキュールをオレンジ・ジュースで割った、ほどよい甘みと酸味の効いたやわらかな口当たりのカクテル。グラスの中に飾られた果実類がみずみずしく、アルコール度数も控えめなので、ジュース感覚で楽しめる。

5度 甘口 ビルド オール

Recipe

ピーチ・リキュール	30mℓ
オレンジ・ジュース	適量
スライス・オレンジ	1/2枚
マラスキーノ・チェリー	1個

氷を入れたオールドファッションド・グラスにピーチ・リキュールとオレンジ・ジュースを注ぎ、ステアする。スライス・オレンジとカクテル・ピンに刺したチェリーを飾る。

お祝いシーンにぴったりの、華やかでフルーティーなカクテル

ラ・フェスタ ～祝祭～ *La Festa*

第22回「HBA創作カクテルコンペティション」で優勝した、京王プラザホテル・高野勝矢氏の作品。

16.3度 中甘口 シェーク オール

Recipe

Ⓐ	マンゴスティン・リキュール	20mℓ
Ⓐ	グラッパ	10mℓ
Ⓐ	ブルーベリー・リキュール	10mℓ
Ⓐ	グレープフルーツ・ジュース	20mℓ
Ⓐ	グレナデン・シロップ	1tsp.
	レインボー・シュガー	適量
	スパイラル・ライム・ピール	1個
	スパイラル・レモン・ピール	1個
	マラスキーノ・チェリー	1個

グラスの側面をレモンで濡らし、レインボー・シュガーを振りかける。材料Ⓐと氷をシェークしてカクテル・グラスに注ぎ、果実類を飾る。

Wine Cocktails

ワイン・ベースのカクテル

繊細な香味をもつワインをカクテル・ベースに使う場合は、
製造法や原料のブドウの種類、甘口・辛口の違いなど、
それぞれの特徴を把握し、そのカクテルに合ったものを選ぼう。
シャンパンを使ったカクテルも多く、祝事でよく飲まれる。

お祝いの席を華やかに彩る
豪華で気品あふれる一杯

セレブレーション

Celebration

シャンパン、コニャックの風味にフランボワーズの甘酸っぱさが見事に融合。本書の監修者・渡邉一也の第15回「HBA創作カクテルコンペティション」優勝作品で、シャンパンにシェークした材料を合わせるカクテルの草分け。

17.2度 中口 シェーク オール

Recipe

シャンパン	30mℓ
クレーム・ド・フランボワーズ	20mℓ
コニャック	10mℓ
コーディアル・ライム・ジュース	1tsp.

冷えたシャンパンをあらかじめカクテル・グラスに注いでおき、シャンパン以外の材料と氷をシェークして、そこに加える。

カシスとシャンパンの融合が生む高貴な色合いと味わい

キール・ロワイヤル *Kir Royal*

キール（→P146）の白ワインをシャンパンに替えたカクテルで、アペリティフ（食前酒）として愛されている。シャンパンはフランスのスパークリング・ワインだが、よりカジュアルに、ほかの地域のスパークリング・ワインを使ってもよい。

12.6度 中口 ビルド 食前

Recipe

シャンパン …… 120mℓ
クレーム・ド・カシス …… 10mℓ

シャンパン・グラス（フルート）に冷やしたクレーム・ド・カシスと冷やしたシャンパンを入れ、軽くステアする。クレーム・ド・カシスをクレーム・ド・フランボワーズに替えると、「キール・アンペリアル」というカクテルになる。

"はじける"ように爽快で口当たりのよいカクテル

スプリッツァー *Spritzer*

辛口白ワインをソーダで割った、オーストリア生まれのシンプルなカクテル。スプリッツァーという名前は、「はじける」という意味のドイツ語、spritzen（シュプリッツェン）に由来する。その名の通り爽快な味わい。

4.4度 中辛口 ビルド 食前

Recipe

辛口白ワイン …… 60mℓ
ソーダ …… 適量
スライス・ライム …… 1枚

氷を入れたコリンズ・グラスによく冷えた辛口白ワインを注ぎ、冷えたソーダを加えて軽くステア、最後にスライス・ライムを入れる。ドイツ系の甘口ワインを使うこともある。

愛らしいピンクの色合いと、上品な甘みのある爽快感を堪能

ベリーニ *Bellini*

ピーチの甘みを帯びた爽快な味わいのカクテル。1948年に、イタリア・ヴェネツィアのハリーズ・バーのオーナー、ジュセッペ・チプリアーニが、ルネッサンス期の画家ベリーニの展覧会開催記念に創作したという。

7.9度　中甘口　ビルド　オール

Recipe

スパークリング・ワイン ……… 2/3glass
ピーチ・ネクター ……… 1/3glass
グレナデン・シロップ ……… 1dash

フルート型のシャンパン・グラスに冷えたピーチ・ネクターとグレナデン・シロップを入れ、冷えたスパークリング・ワインを注いで、バー・スプーンでステアする。

好きなワインに果汁や清涼飲料水を加えて楽しむ一杯

ワイン・クーラー *Wine Cooler*

好みのワインに果汁や清涼飲料水を加えた、清涼感あふれるカクテル。特に決まったレシピはなく、ベースのワインは白やロゼでもよいので、自分好みに仕上げることができる。

10.5度　中口　ビルド　オール

Recipe

Ⓐ
- 赤ワイン ……… 45mℓ
- ホワイト・キュラソー ……… 1tsp.
- レモン・ジュース ……… 15mℓ
- シュガー・シロップ ……… 10mℓ

ソーダ ……… 適量
スライス・レモン ……… 1枚
スライス・オレンジ ……… 1/2枚
マラスキーノ・チェリー ……… 1個

グラスに氷と材料Ⓐを注いでステア、ソーダを注ぎ軽く混ぜ、果実類を飾る。

Beer Cocktails

ビール・ベースのカクテル

ほのかな苦みと爽快なのどごしで大人気のビア・カクテル

シャンディー・ガフ *Shandy Gaff*

イギリスのパブで生まれたといわれる、ビールとジンジャー・エールで作るシンプルなカクテル。さわやかなのどごしと、ほのかな苦みと甘みのバランスのよさで、ビール・ベースのカクテルのなかで人気の一杯。

2.5度 中口 ビルド オール

Recipe

ビール ……… 1/2glass
ジンジャー・エール ……… 1/2glass

ピルスナー・グラスを冷やしておき、冷えたビールを2回に分けて注ぐ。これを冷えたジンジャー・エールで満たし（ビールの泡を崩さないように、2回くらいに分けて注ぐ）、軽くステアする。

ベルベットのようにきめ細かくなめらかな泡が特徴

ブラック・ベルベット *Black Velvet*

麦芽の香味が強く、カラメルのような苦みと甘みをもつイギリスの濃色ビール、スタウトは、シャンパンとの相性がよい。まるでベルベットの手触りのようになめらかな泡の口当たりと、上品な味わいを演出する。

8.5度 中口 ビルド オール

Recipe

スタウト・ビール ……… 1/2glass
シャンパン ……… 1/2glass

スタウト・ビールとシャンパンをあらかじめよく冷やしておく。シャンパン・グラス（フルート）の両サイドから同時にビールとシャンパンを静かに注ぐ。注ぐ際には、泡の盛り上がりが強いので注意する。

Sake / Shochu Cocktails

日本酒・焼酎ベースのカクテル

日本のすばらしさを伝える、美しく情緒豊かなカクテル

四季彩 *Shikisai*

日本の四季の美しさを表現した、本書の監修者・渡邉一也のオリジナル・カクテル。桜リキュールと梅酒が春を感じさせ、葉をかたどったライム・ピールは新緑、オレンジ・ピールは紅葉を、そして塩は雪を表している。

16度 甘口 シェーク 食後

Recipe

Ⓐ
- 日本酒……20mℓ
- 桜リキュール……20mℓ
- 梅酒……20mℓ
- ライム・ジュース……5mℓ

- ライム・ピール……1個
- オレンジ・ピール……1個
- 塩……適量

材料Ⓐと氷をシェークして、塩でハーフムーン・スタイルにしたカクテル・グラスに注ぎ、ライム・ピールとオレンジ・ピールを浮かべる。

"乙女"の恋のようにフルーティーで甘酸っぱい味わい

舞・乙女（まいおとめ） *Mai-Otome*

九州・福岡特産のゴマ焼酎をフルーツの酸味で飲みやすく仕上げた一杯。第13回「HBA創作カクテルコンペティション」で優勝した倉吉浩二氏（当時・ホテルニューオータニ博多、現・BAR倉吉のバーテンダー）の作品だ。

19.5度 中口 シェーク オール

Recipe

- 紅乙女（ゴマ焼酎）……20mℓ
- クレーム・ド・フランボワーズ……15mℓ
- ホワイト・キュラソー……10mℓ
- グレナデン・シロップ……10mℓ
- レモン・ジュース……5mℓ

シェーカーにすべての材料と氷を入れてシェークし、カクテル・グラスに注ぎ入れる。

Non-Alcoholic Cocktails

ノン・アルコールのカクテル

シンデレラが舞踏会を楽しんだように、カクテル気分を味わう

シンデレラ *Cinderella*

オレンジ・ジュース、レモン・ジュース、パイナップル・ジュースの3種類のフルーツ・ジュースをシェークした、甘酸っぱくてジューシーなドリンク。お酒が苦手な人でもカクテル気分を楽しめる、おしゃれな一杯。

中口 シェーク オール

Recipe

オレンジ・ジュース …… 30mℓ
レモン・ジュース …… 30mℓ
パイナップル・ジュース …… 30mℓ

シェーカーにすべての材料と氷を入れてシェークし、ソーサー型のシャンパン・グラスに注ぎ入れる。

ハーブの香味が効いた爽快でドライな一杯

ハーバル・トニック *Herbal Tonic*

ハーブの香味とトニック・ウォーターのビター感がマッチした、すっきり味のノン・アルコール・カクテル。さわやかでドライな飲み口なので、揚げ物などにも合う。ハーブを潰しながら飲めば、さらに爽快感がアップする。

中口 シェーク オール

Recipe

ミントやバジルなど好みのハーブ …… 適宜（3房、3枚）
ソーダ …… 1/3glass
トニック・ウォーター …… 2/3glass
スライス・ライム …… 1枚

氷を入れたタンブラーに好みのハーブを入れて、ソーダとトニック・ウォーターで満たす。ライムを入れてマドラーを添え、好みでハーブやライムを潰しながら飲む。

Column 記憶に残るバー＆カクテル 4

「キングス・バレイ」の深い緑を追い求めて訪れた「銀座テンダー」

国内外に名を馳（は）せるバーテンダーで、黄綬褒章（おうじゅほうしょう）も受賞した上田和男さん。バーテンダーの大会などでお目にかかることはありましたが、上田さんがオーナーを務める東京・銀座のバー「銀座テンダー」には、恐れ多くて行ったことがありませんでした。

そんな中、私のなじみのお客様で、上田さんが考案したカクテル「キングス・バレイ」（→ P176）の色と味を楽しみにしておられる方がいらっしゃいました。「キングス・バレイ」は気品ある深い緑色が特徴ですが、材料の配合で色も味も大きく変わります。私は何度作ってもイメージ通りの色を出せなかったため、思い切って「銀座テンダー」を訪れることにしました。

上田さんご本人が作る「キングス・バレイ」は、私が思い描いていた色と味わいで、さらにその色は「銀座テンダー」のコースターの縁取りと同じでした。そこで、コースターをいただいて帰り、試行錯誤して「キングス・バレイ」を作ってみたところ、お客様に初めてほめていただけたのです。私にとって「銀座テンダー」は、自分を成長させてくれたお店だといえます。

（京王プラザホテル 高野勝矢）

chapter 6
バーに行こう

バーに行ってみたいけど、初めてだと不安……。
そんなバー初心者も、バーの基本知識や
マナーなどを知っておけば安心だ。
おすすめのカクテルやおつまみも紹介。
おいしいカクテルを飲みに、バーに行こう！

バーって どんなところ?

バーとは、カウンターを設けた洋酒を飲める酒場のこと。カウンターの内側には、客の注文にこたえてカクテルなどの酒や料理を提供するバーテンダー（→P200）がいる。また、カウンターだけでなく、テーブル席を用意しているバーも多い。

バーというと、「常連客が多い」「客の年齢層が高い」「落ち着いた大人の雰囲気」といったイメージが強く、「興味はあるけれど、ちょっと入りにくい」と思っている人もいるだろう。しかし、バーにはさまざまなタイプがあり、気軽に入れるカジュアルな雰囲気のバーもある。

バーは場所によって、「ホテルのバー」と「街のバー」に分けられる。ホテルのバーはだれでも利用でき、メニューに料金が記載されていて会計も明朗。初心者でも利用しやすく、カクテルやサービスのクオリティが高いのが特徴だ。

一方、街のバーは本格的な「オーセンティック・バー」をはじめ、ショット・バーやダイニング・バー、スポーツ・バーといった「カジュアル・バー」、そしてワイン・バー、日本酒バーなどの「専門バー」など、多種多様なタイプがある。

オーセンティック・バーは重厚な雰囲気で、洗練されたバーテンダーが技術の粋（すい）を尽くした酒を提供する。ホテルのバーは、ほとんどがオーセンティック・バーだ。これに対し、カジュアル・バーは大人数でワイワイ楽しめるのが魅力。訪れる目的や自分の好みに合わせて、店を選ぼう。

バーの分類

BAR

ホテルのバー

ほとんどの一流ホテルにはバーがあり、大きなホテルでは複数のバーが入っているところも多い。宿泊客だけでなくだれでも利用することができ、メニューに料金が記載されていて会計が明朗なので、実は初心者に向いている。

街のバー

街なかには、本格的なバーからカジュアルなバーまで、多種多様なバーがある。ワイン・バー、シャンパン・バーなど、特定の酒を専門的に扱うバーも。バーに行く目的や人数、求める雰囲気などによって店を選ぶとよい。

雰囲気やスタイルによるバーの分類

オーセンティック・バー	たくさんの酒や副材料がそろい、一流のバーテンダーがクオリティの高い酒を提供する、重厚で落ち着いた雰囲気のバー。街なかの老舗バーや、一流ホテルのバーに多い。「オーセンティック（authentic）」は「本物の、正統な」という意味。
カジュアル・バー	カジュアルな雰囲気・スタイルで、気軽に入りやすいバー。インテリアに凝った店もあり、雰囲気を楽しむために訪れる人も多い。1杯ごとに料金を払って飲む「ショット・バー」や、食事も楽しめるタイプの「ダイニング・バー」など。
専門バー	ワインを中心に提供する「ワイン・バー」、シャンパンやスパークリング・ワインを楽しむ「シャンパン・バー」、「焼酎バー」や「日本酒バー」など、特定の酒を専門に扱うバー。
その他のバー	店内に設置された大型スクリーンでサッカーなどのスポーツを観戦しながら酒を飲む「スポーツ・バー」、ダーツが楽しめる「ダーツ・バー」、ビリヤードができる「プール・バー」など、さまざまなバーが存在する。 

バーの基本的な構造

バー・カウンター

バーのスタッフと客の間に備えられた細長いテーブル。カクテルの提供や会話、会計などのやり取りが客と対面で行われる。

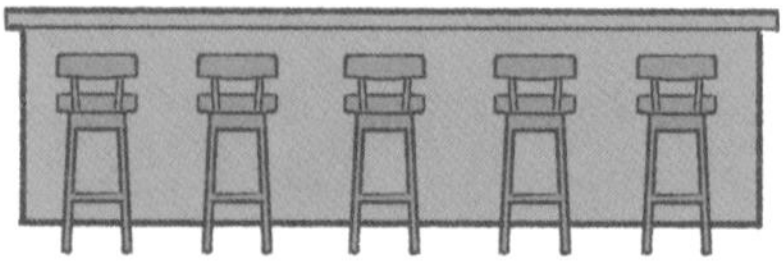

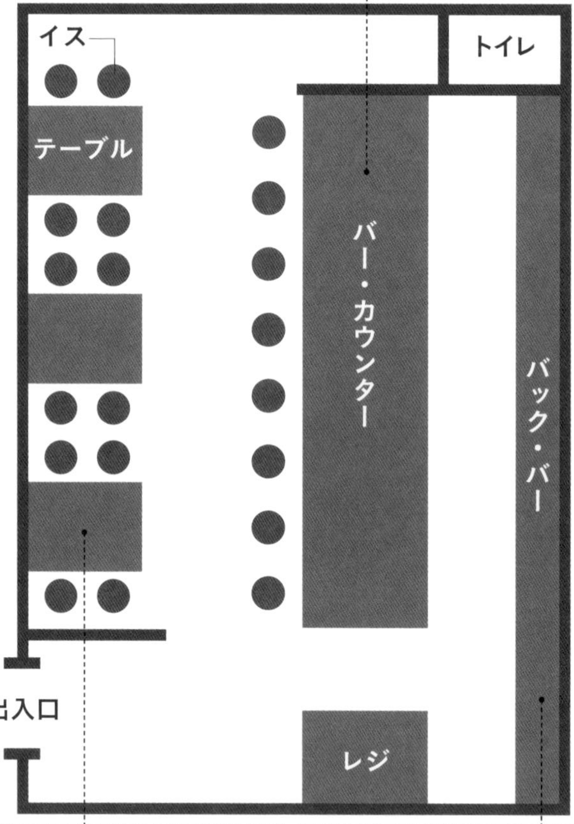

テーブル

カウンターのみのバーもあるが、3人以上のときはテーブル席がベター。テーブルの高さに合わせたイスが置かれている。

バック・バー

バー・カウンターの後ろにある、さまざまな酒やグラスが並んだ壁や棚のこと。そのバーの個性が表れるところ。

バーはいつ誕生したの？どんな歴史がある？

バーがいつ誕生したか、正確な記録は残っていない。しかし、中石器時代には、人々が洞窟で火を焚(た)いて肉を焼き、ハチミツ酒を飲むなど、「洞窟酒場」といえるような空間があったと考えられている。

バーの原型である「酒場」が登場する最古の文献は、バビロニア王国の法律書『ハンムラビ法典』。紀元前1800年頃のビール酒場における法律が書かれており、当時すでに酒場が存在していたと推測できる。

古代ローマ時代に入ると、領土拡大によって交通網が整備され、「イン」と呼ばれる宿屋が登場し、ここで酒も提供された。その後11～13世紀には、十字軍の遠征にともない、ヨーロッパで宿屋や酒屋が増加。さらに、宿屋と酒屋が一体となった、現在のホテルの原型といえる「タヴァーン」も登場した。以降、キリスト教の巡礼や商業の拡大によって酒場の文化が発展し、18世紀には「イン」が、宿泊を主としたものと、飲酒を主とした「エール・ハウス」に枝分かれしていった。

19世紀には、西部開拓時代のアメリカで「サルーン」という酒場が普及。サルーンでは店主が樽から酒をくみ、量り売りをしていたが、勝手に樽から酒をくみ出して飲む客が後を絶たなかった。そこで店主は、対策として酒樽と客の間に横木（棒、バー）で仕切りを設置。そこから、このスタイルの酒場が「バー（bar）」と呼ばれるようになり、時代とともに横木がカウンターへと変化していった。

バーの歴史

時期	できごと
紀元前1800年頃	バビロニア王国の法律書『ハンムラビ法典』に、当時のビール酒場における法律が記述されていた
古代ローマ時代	領土拡大と交通網の整備により、各地に「イン」と呼ばれる宿屋が誕生し、酒も提供された
11～13世紀	十字軍の遠征とともに、ヨーロッパで宿屋や酒場が発達し、宿屋と酒場を兼ねた「タヴァーン」が登場する
14～15世紀	キリスト教の巡礼や商業の拡大にともない、酒場文化が発展する
18世紀	ヨーロッパ各地で旅行者が増加。「イン」が分化して、より酒場色の強い「エール・ハウス」が広まる
19世紀	西部開拓時代のアメリカで「サルーン」という酒場が広まり、やがて「バー」と呼ばれるようになる
20世紀	1919年、アメリカで「禁酒法」が制定され、翌1920年に発効（→P24） ヨーロッパでアメリカン・スタイルのバーが流行する

1919年に、アメリカで「禁酒法」が制定され、翌年1月に発効し、1933年まで飲酒用アルコールの製造・販売・運搬などが禁止された（→P24）。しかし、実際はアル・カポネなどのギャングやマフィアが酒の密造・密売を行い、違法な酒が国内に出回った。また、「スピーク・イージー」と呼ばれるもぐり酒場が大繁盛。酒の値段は数倍から10数倍にまで高騰したものの、もぐり酒場はデートの場としても人気となった。さらに、粗悪な密造酒をおいしく飲めるよう、新しいカクテルのレシピが誕生することもあったという。

そんななか、きちんとした職場を求めたアメリカのバーテンダーがヨーロッパへと流出。それまでヨーロッパでは、酒を飲むスタイルとしてウエイターやウエイトレスが酒をテーブルまで運ぶカフェ形式が主流だったが、アメリカのバーテンダーがやって来たことに加え、第一次世界大戦の影響でアメリカの軍人がバーに集まるようになったことから、カウンター席でバーテンダーと対面しながら酒を楽しむスタイルが登場。ホテルのレストランでは、このスタイルがアペリティフ（食前酒）のためのカウンター・バーとして取り入れられるようになった。

その後、こうしたアメリカン・スタイルのバーがヨーロッパで流行し、少しずつカウンターでハイ・スツール（＝脚の長い背もたれのない椅子）に座って酒を飲むスタイルのバーとして独立。同時に、アメリカからやって来たバーデンダーによって、当時のヨーロッパではメジャーでなかったジュースなどを使ったカクテルも増え、各地に普及した。さらに、男性だけでなく、女性も客として店に訪れるようになり、現在のバーのスタイルが形成されていった。

日本のバーの歴史は？

1912（明治45）年当時の神谷バー（写真提供：神谷バー）

日本に初めてバーができたのは、江戸時代末期の1860年。横浜の外国人居住地に開業した「横浜ホテル」の中に、バーが設けられていた。明治時代に入ると、1870年に「グランドホテル（現・ホテルニューグランド）」が開業。アメリカからバーテンダーのルイス・エッピンガーが招かれ、日本生まれのカクテル「バンブー」が考案された（→P148）。そのほか、東京・築地の「精養軒ホテル」や「帝国ホテル」にもバーができたが、客は外国人がほとんどで、日本人はごく一部だった。

その後、1911年に東京・銀座に「カフェ・プランタン」や「カフェ・ライオン」がオープンしてカクテルを提供するように。さらに大正時代には多くのカフェができ、カクテルは日本人にも飲まれるようになった。また、1911年に大阪・道頓堀で「旗のバー」が、1912年には東京・浅草に「神谷バー」が開業。神谷バーは1880年創業の「みかはや銘酒店」が店内を改装してつくったバーで、現在も営業を続けている。

以降、関東大震災や第二次世界大戦によってバーは一時衰退したが、戦後は米軍将校向けのバーで日本人バーテンダーが腕を磨き、バーの文化が発展。芸術家や文豪が集まる場所にもなった。さらに、戦後の高度経済成長や、1979年からの「トロピカル・カクテル・ブーム」の影響もあり、バーの文化が日本に普及していった。

バーでのマナーって？

バーは基本的に「お酒を楽しむ場所」。そのため特に守るべきルールはないが、最低限のマナーは知っておきたい。

まず服装については、ネクタイやジャケット着用が求められる店もあるので、事前にインターネットなどで調べておくと安心。ドレスコードがない場合はカジュアルな服装でも問題ないが、店の雰囲気にそぐわない服装は避けよう。

また、バーは大勢で騒ぐ空間ではないので、訪れる人数にも注意したい。4人以上の場合、カウンターを占領してしまうこともあるので、事前にテーブル席があるか確認し、予約を取っておくとスマートだ。

バーを訪れる時間帯は、営業時間内であればいつでも大丈夫だが、初めて訪れる店なら、比較的空いている早い時間帯がおすすめ。そして、店に入ったら勝手に席に座らず、案内を待とう。店の滞在時間は1時間ほどがベターだ。酔い過ぎず、お酒をおいしく味わえるよう自分の適量を守り、ほろ酔い程度で切り上げよう。

また、バーテンダーと会話を楽しむのはもちろんOKだが、混雑しているときは接客などを妨げないよう配慮したい。

予算は店によってさまざま。お酒の料金に加えて、テーブル・チャージや消費税なども含め、余裕をもって準備しておくと安心だ。支払いはカウンターやテーブルで行う店もあれば、レジで行う店もあるので、会計の際はまずバーテンダーに確認するとよいだろう。

こうした大人のふるまいを心がけると、バーでの時間がより楽しいものになる。

入店から退店まで

1 入店する

初めて入る店だと緊張するかもしれないが、笑顔できちんとあいさつしよう。

2 1杯目を注文する

迷ったり、わからないことがあったりしたら、バーテンダーに相談しよう。

3 カクテルと会話を楽しむ

飲み頃に気を付けてカクテルを味わおう。バーテンダーとの会話もバーでの楽しみ。

4 2杯目を注文する

1杯目と違うものを頼んでみよう。好みを伝えておすすめを作ってもらっても。

5 会計する

バーテンダーに会計の合図をして、伝票をもらう。席で支払うことが多い。

6 退店する

入店したときと同様に、笑顔で「おいしかったです」などと一声かけて帰ろう。

バーテンダーってどんな人？

バーで飲み物を提供し、客をもてなすバーテンダー。「バーテンダー(bartender)」という名称は、アメリカの西部開拓時代に「酒場（bar)」と「世話や見張りをする人(tender)」という言葉が組み合わさって生まれたといわれる。当時、客は乗ってきた馬を店の前の杭にロープでつないでいたが、バーの店員は客の世話をしつつ、馬の見張りも行っていたという。

ちなみに、国によっては「バーテンダー」ではなく、「バー・マン（bar man)」「バー・キーパー（bar keeper)」と呼ばれることもある。

バーテンダーは、酒類についての深い知識をもち、おいしいカクテルを手早く正確に作る技術が必要だ。それに加え、バーを訪れる客が心地よく過ごせる空間と時間を演出することも大切な仕事。バーを訪れる客の中には、ひとりで静かにお酒を味わいたい人もいれば、バーテンダーと会話を楽しみたい人もいる。そのため、すべての客に目を配り、一人ひとりに合ったサービスを提供することが重要となる。そのほか、さまざまな客と会話ができるよう幅広い知識を身に付けたり、客に好ましい印象を与えるよう美しい姿勢や所作を心がけたりすることも、バーテンダーには求められる。

バーテンダーになるためには、現場で経験を積む人もいれば、バーテンダーの専門学校や養成スクールで学ぶ人もいる。資格は不要だが、「日本ホテルバーメンズ協会(H.B.A.)」の「HBA級別認定試験」や、「日本バーテンダー協会（N.B.A.)」の「バーテンダー呼称技能認定試験」など、バーテンダーとしての実力を示す資格が設けられている。

バーテンダーになるには

バーテンダーになるための道のりはさまざま。バーテンダー養成スクールに通ってから現場に入る、あるいは、まずバーなどで働いて現場で経験を積んでいくという方法がある。いずれにしても、一人前のバーテンダーになるには、知識と技術、そして教養を身に付けなければならない。近年は、世界で活躍する女性バーテンダーも増えている。

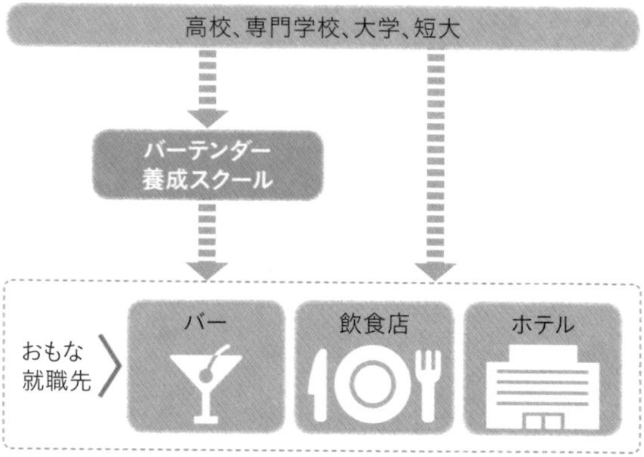

バーテンダーに必要な資質・スキルとは

バーでカクテルを楽しむには？

飲みたいカクテルが決まっている場合は、その名前をバーテンダーに伝えよう。カクテルの名前がわからなかったり、何を飲むか決められなかったりする場合は、好みの味わいや苦手な材料を伝えると、あなたに合ったカクテルを作ってくれる。バーのスペシャル・ドリンクである「オリジナル・カクテル」を注文するのもいいだろう。

カクテルを数杯飲むときは、自由に好みのものを注文してよいが、順番を意識すると、よりおいしく楽しめる。1杯目はアルコール度数が低くて、あっさりした味わいのものを、2杯目はアルコール度数が少し高めで、しっかりした味わいのものを選ぶと、より鮮明に味や香りが感じられる。さらに、1杯目は炭酸を使ったカクテルや、シンプルな材料で作るカクテルがおすすめ。たとえば炭酸を使った「ハイボール」（→P176）など、材料がシンプルなカクテルほど素材の味わいを楽しめ、バーテンダーの力量を知ることもできる。

また、ゆっくり時間をかけて味わいたいときはロング・カクテルを、短時間でさっと飲みたいときはショート・カクテルを選ぶといいだろう（→P13）。ただ、冷えたカクテルは時間が経ってぬるくなるとおいしさが半減するので、1杯あたり15～20分を目安に飲み切ること。

そして、お酒が飲めない人はノン・アルコール・カクテルを（→P189）。見た目はカクテルと同じように美しいので、バーならではの雰囲気が楽しめる。

カクテルをスマートに飲むポイント

バーでは肩ひじを張って格好つける必要はないが、できればスマートにカクテルを飲みたいもの。そのポイントとして、グラスの持ち方、ストローやマドラーの使い方を紹介しよう。

カクテル・グラスの持ち方

カクテルが温まってしまわないように、グラスの脚（あし）（ステム）を持つ。

タンブラーの持ち方

タンブラーなど平底（ひらぞこ）型のグラスは、底に近い部分をしっかり持つ。

ストローの使い方

フローズン・スタイルのカクテルに添えられているストローが2本ある場合は、カクテルの氷片や果肉が詰まらないように、2本一緒に使うとよい。

マドラーの使い方

マドラーは、カクテルをかき混ぜたり、中の砂糖やフルーツを潰したりするのに使う。カクテルを飲むときは、グラスから出して紙ナプキンの上などに置いておこう。

シーン別・おすすめカクテル

さまざまなシチュエーションを彩るカクテル。本書の監修者・渡邉一也がセレクトした、シーンごとのおすすめカクテルを紹介しよう。

食事前の一杯　*Bamboo*

バンブー

食前酒の代表格であるシェリーをベースにしたカクテル（→ P148）

食後の一杯　*Grasshopper*

グラスホッパー

食後の飲み物にふさわしい、さわやかなミントのカクテル（→ P182）

リフレッシュしたいとき　*Mojito*

モヒート

さわやかな飲み口で、気分を晴れやかにしてくれる一杯（→ P130）

リラックスしたいとき　*Rusty Nail*

ラスティ・ネイル

ウイスキーとドランブイの香りと飲み口をゆっくりと味わう（→ P177）

Bellini

初めてのデートで

ベリーニ

大切な初デートにぴったりな、やさしい味わいのカクテル（→ P186）

Celebration

特別な
お祝いの日に

セレブレーション

深紅の色合いと華やかなシャンパンがお祝いムードを演出（→ P184）

Old Pal

旧友と語り合う

オールド・パル

ウイスキーにドライ・ベルモットとカンパリを組み合わせた、「古きよき仲間」という意味のカクテル

Whisky Soda

仕事仲間と飲むとき

ウイスキー・ソーダ（ハイボール）

仕事仲間との会話を盛り上げてくれる、気軽な一杯（→ P176）

Godfather

ひとりでゆっくり
飲むとき

ゴットファーザー

ウイスキーとアマレットで作る美しい琥珀（こはく）色の一杯をじっくり堪能

チェイサーって何？

「チェイサー（chaser)」とは、アルコール度数の高い酒を飲むときに添えられるドリンクのこと。chaserという単語には、「追っ手、追跡者」という意味があり、飲んだ酒を追いかけるように飲むことから名付けられたという。

チェイサーにはミネラル・ウォーターを用いることが多いが、ソーダやジュース、ウーロン茶のほか、コーヒーや牛乳が使われることも。さらに、ビールなどの酒をチェイサーとして飲む人もいる。

チェイサーの役割は、のどや胃をアルコールの刺激から守ること。ミネラル・ウォーターなどのドリンクが、のどの粘膜に付着した酒を洗い流し、胃の中で酒と混ざり合うことで水割りのようになって、アルコールの刺激を和らげる。さらに、血中のアルコール濃度の急上昇を緩和し、悪酔いを防ぐ役割も果たす。

また、チェイサーには酒の味を引き立てる働きもある。アルコール度数の高い酒を飲み続けると、その味わいと香りに慣れてしまい、一口目に感じたおいしさが感じられなくなっていく。そこで、チェイサーを飲んで口の中をリフレッシュすることで、酒を飲むたびに鮮烈な味と香りを楽しむことができる。

このように、チェイサーをうまく取り入れることで、酒をよりおいしく味わうことができるのだ。

バーでのおすすめのおつまみは？

　バーは酒を楽しむ場所であるが、酒に合うおつまみも提供している。しっかりとした食事が楽しめるバーもたくさんあり、なかにはフードメニューが人気となっている店も。バーの食事メニューは、店の雰囲気やイメージに合ったものが用意されていることが多い。

　ホテルのバーは、館内のレストランと提携して、フレンチやイタリアン、中華、和食といった多様な料理を提供するところが多い。街のバーにも、和・洋・中さまざまな料理を用意するなど食事が充実している店があり、なかにはランチが楽しめるところも。好みや目的に応じて店を選ぼう。ただし、食事にはあまり注力していないバーもあるので、そうした店を訪れる際は、事前に食事を済ませておきたい。

　基本的に、バーでは酒の味を引き立てるおつまみを用意しており、おつまみと組み合わせることで酒も味わい深くなる。たとえば辛口のカクテルには、オリーブや魚介のカルパッチョなど、さっぱりした味わいのおつまみがおすすめ。中口のカクテルにはチーズや肉類が合う。そして、甘口のカクテルにはドライ・フルーツやチョコレートがぴったりだ。ウイスキーやブランデーにもフルーツやチョコレートが合うが、実は中華料理やイタリア料理、和食なども合うので、試してみるといいだろう。

　自分が飲みたい酒に、どんなおつまみが合うかわからないときには、バーテンダーに聞くと、おすすめを教えてくれる。

カクテルの味わい別・おすすめのおつまみ

ナッツ類など、ほとんどのカクテルに合うおつまみもあるが、カクテルの味わいごとにより相性のよいものもある。辛口・中辛口・中口・中甘口・甘口、それぞれのカクテルに合うおつまみを紹介しよう。

辛口カクテル マティーニ、ギムレットなど

中辛口カクテル ジン・トニック、マルガリータ、オールド・ファッションドなど

※カクテルの味わいについてはP154-155「カクテル味わいチャート」参照

中口カクテル カンパリ・ソーダ、モスコー・ミュール、モヒートなど

中甘口カクテル アイリッシュ・コーヒー、ベリーニなど

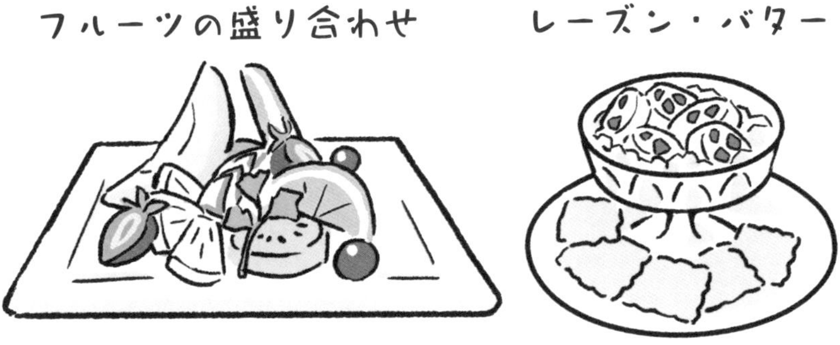

甘口カクテル カルーア・ミルク、アレキサンダーなど

バーテンダーへの素朴な疑問

本書の監修者・渡邉一也に、カクテルやバーに関する疑問をぶつけた。

1 ひとりでバーに行ってみたいけど、ちょっと不安……。注意すべきこと、楽しみ方などは？

前述したように、バーは「お酒を楽しむ場所」。特に難しいルールや決まりはないので、気負ったり、身構えたりする必要はありません。ひとりでも臆せずに訪れ、ゆったりとお酒を楽しみましょう。

注意したいのは飲み過ぎないこと。特にバーに慣れていない初心者は、自分の適量を守ってお酒を楽しむことが大切です。

もうひとつ注意したいのは、長居しないこと。なかにはバーテンダーにずっと話しかけるなどして、カウンターに長時間座っている人もいますが、1時間ほど楽しんだら切り上げるのがベスト。長くても2時間くらいを目途に切り上げ、ダラダラと長時間、居座ることは避けましょう。

特に、ホテルのバーやオーセンティック・バーでは、大人のふるまいを心がけて。おいしいお酒と適度な会話を楽しんだら、さっと帰るのがスマートです。

2 バーテンダーに話しかけてもいいの？

バーテンダーの役目はカクテルを作るだけでなく、接客も重要な仕事です。そのため、話しかけてもらってもまったく問題ありません。お酒について質問し、自分に合った一杯を探すのもよいですし、お酒以外の話をしてもOKです。

ただ、バーテンダーは基本的に政治や宗教に関する話には同意せず、特定のスポーツ・チームや選手の評価をすることもありません。さらに、噂話をしたり、他人の悪口を言ったりもしないので、そうした話題でバーテンダーに意見を求めることは控えましょう。

また、話しかけるタイミングにも配慮が必要です。カクテルの材料の調合やシェーク中など、何か作業をしている最中に話しかけるのは避けましょう。ほかのお客様と会話しているときに割り込むのもマナー違反。ちなみに、バーテンダーはお客様のプライバシーを守るため、バーでの会話で得た個人的な情報は自分の家族にも一切話すことはありませんので、ご安心ください。

3 「おまかせで」と言われたらどうしているの？

「おまかせで」とカクテルをオーダーされたら、まずお客様が、どのようなシチュエーションでバーを訪れているかを考慮します。さらに、時間帯や、食事前か食事を終えているかといった状況に加え、お客様の好みのベースや味わい、色、アルコール度数などを踏まえ、多くの選択肢からひとつに絞っていきます。さらに、お客様とのちょっとした会話や服装、雰囲気などからもヒントをつかみ、その人につながるストーリーを加えたカクテルに仕上げます。

たとえば、デートでバーを訪れたカップルの男性が「彼女のためにカクテルを作ってほしい」とオーダーした場合は、彼女の好みなどを反映しつつ、2人にまつわるストーリーや「彼女だけ」というオリジナリティを加え、特別感を演出します。

こうした「おまかせ」にこたえるため、バーテンダーには、お酒だけでなく、流行に関する情報など幅広い知識が必要となります。

4 同じカクテルでもバーによって味が違う？ お客さんによってカクテルのレシピを変えることはある？

同じカクテルであれば、基本的にベースとなるお酒や副材料はほぼ同じです。しかし、バーによって分量の配分が異なるため、でき上がるカクテルの味も変わります。

さらに、シェーカーの振り方や振る回数、ステアする際の混ぜる回数によっても味は変化します。そのほか、使用する氷の硬度や種類、フレッシュ・フルーツの鮮度、ミキシング・グラスなどの道具や材料を事前に冷やしているかどうか、といった要素も味に影響するのです。カクテルの味の違いは、バーテンダーとしてのこだわりや思い入れの表れなので、さまざまなバーを訪れ、違いを楽しむのもおもしろいでしょう。

また、お客様に合わせてカクテルのレシピを変えることもあります。「食事の前か後か」「仕事なのかプライベートなのか」などの状況によって微妙に配合を変えるほか、飲み過ぎたお客様には、アルコール度数を調整することも。自分好みの味にしてほしい場合は、「甘めにしてほしい」など、オーダーの際に要望を伝えましょう。

5 バーテンダーの実力が試されるカクテルは？

材料やレシピがシンプルなカクテルほど、バーテンダーの実力が試されます。たとえば、「ジン・フィズ」（→P160）は甘みと酸味の調和をとることがポイントですが、甘みが強過ぎず、酸味が強過ぎず、すっきりした後味に仕上げるのが難しいのです。また、「ウイスキー・ソーダ」（ハイボール）（→P176）は、ウイスキーの味とソーダの発泡のバランスがとれていないと、味が壊れてしまいます。

そのほか、個性的なリキュールを使い、クセを抑えつつ味と香りをうまく引き出したり、アルコール度数が高くてもすっと飲めるカクテルを作ったりできるバーテンダーは、技術が高いといえます。

自分の好きなカクテルをさまざまなバーで飲み比べてみると、味の違いがわかるだけでなく、自分好みの味が明確になるのでおすすめです。

ただ、バーテンダーの実力はカクテルの味わいだけで測れるものではありません。お客様の出迎え・ご案内に始まり、オーダーテイク、カクテル作りの際の演出力、身だしなみや姿勢、言葉遣いや声のトーン、店内の雰囲気作りなど、総合的な力量があってこそ、実力があるバーテンダーといえます。

6 オリジナルのカクテルはどうやって考えるの？

オリジナル・カクテルを考える方法はバーテンダーによって異なりますが、ひとつのやり方はストーリーから考え始めること。たとえば、イベントにちなんだオリジナル・カクテルを考える場合は、イベント主催者の活動について調べ、集めた情報をもとにイメージを固め、カクテルの名前を決めます。その後、色合いや材料、その配合を決めていきます。

一方、お祝いの席に出すオリジナル・カクテルの場合は、お祝いの内容にちなんだお酒を使うこともあります。

また、カクテル・コンペティションでは、テーマが設けられていることが多いので、テーマに沿ってストーリーを考えます。たとえば、あるブランドのお酒を使うことが条件の場合、そのブランドの背景や歴史、どんな人々に好まれているかといった情報を集め、ストーリーを思い描いてカクテルに落とし込んでいきます。

このように、ただおいしいだけでなく、ストーリーが加わることで、カクテルの価値がさらに高まっていくのです。

7 バーテンダーにとって、うれしいのはどんなお客さん？逆に困るお客さんは……？

「おいしかったです」「ありがとうございました」など、感想や感謝の気持ちを言葉で伝えてもらえると、バーテンダーはうれしいもの。また、何かいいことがあったときにバーを訪れ、幸せな気持ちを共有してくれるお客様もうれしいですね。

一方、困るのは、声が大きいお客様。店内が満席で混雑しているときでも、全員が適度な声の大きさとトーンで会話をしていれば、うまく調和してうるさく感じることがなく、むしろ心地よいものです。しかし、ひとりでも声の大きな人がいると、その調和を乱し、ほかのお客様の会話を遮ってしまうのです。声の大きさには注意していただきたいですね。

また、バーテンダーを独占しようとするお客様も困りもの。作業が中断されたり、ほかのお客様への対応ができなくなったりするので、バーテンダーと会話をしたいときは、様子を見て話しかけましょう。

8 バーテンダーはやっぱりお酒に強いの？

バーテンダーだからといって、必ずしもお酒に強いわけではありません。強い人もいれば弱い人もいます。ただ、バーテンダーのほとんどはお酒が好きで、さらに、お酒を楽しむ雰囲気が好きです。

たとえば、ホテルのバーにはさまざまなお客様が訪れ、仕事の話をしている人もいれば、愛を語っている人もいますが、みなさんがお酒を通じてコミュニケーションを図っている様子を眺めていると、幸せな気持ちになります。

お客様が笑顔でお酒を飲んだり、料理を味わったりしながら会話を楽しみ、リフレッシュする。そのような空間でバーテンダーとして働けることに、喜びややりがいを感じます。

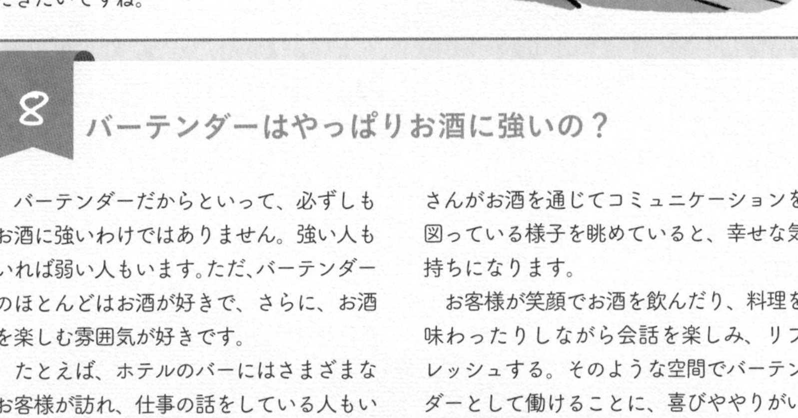

9 飾りのフルーツやオリーブは食べてもいいの？

グラスに飾られたレモンやオレンジ、チェリーといったフルーツも、「マティーニ」（→P114）などに入っているオリーブも、カクテルの一部なので、食べてOKです。ただ、らせん状にむいてグラスに飾ったレモンの皮（レモン・ホーセズ・ネック・スタイル→P108）は、食べないほうが無難です。また、グラスの縁にデコレーションした塩や砂糖（スノー・スタイル→P109）は、口に含んで味わうとよいでしょう。

バーではできるだけスマートにふるまうことが理想的なので、フルーツやオリーブなどを口にするときは、食べることに夢中になりすぎないように注意しましょう。また、食べたり果汁を絞ったりした後に残るフルーツの皮は、紙ナプキンに包むか、コースターや小皿の上に置いておくのがスマートです。

オレンジを食べて残った皮は、紙ナプキンに包むかコースターや小皿などにのせておく。カクテルを飲み終わった後なら、グラスの中に戻してもよい。パイナップルも同じ。

スライスしたレモンやライムは、酸味が足りないときに絞ってグラスに入れる。一方、くし形にカットしたレモンやライムが添えられたものは、絞り入れることが前提のカクテルだ。

マラスキーノ・チェリー（→P110）だけならそのまま食べ、スライス・レモンと一緒にカクテル・ピンに刺さっていたら、ピンから外して食べる。レモンは絞ってグラスに入れよう。

オリーブは、カクテルを飲む前、途中、飲み終わった後の、好きなタイミングで食べてOK。「ギブソン」に添えられているパール・オニオンも同様（→P110）。

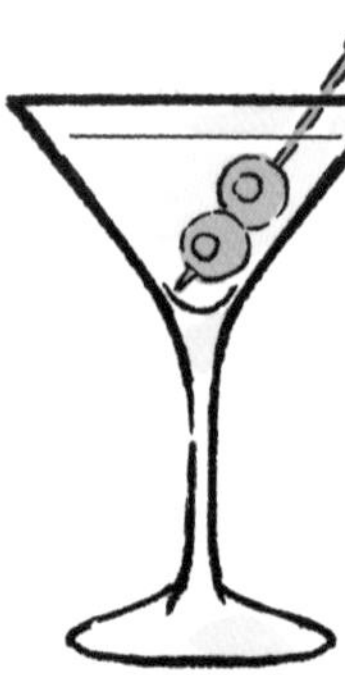

10 ウイスキーはどうやって注文すればいいの？

ウイスキーの注文の仕方は、基本的にはカクテルと同じです。決まった銘柄を飲みたい場合は、それを伝え、特に銘柄が決まっていない場合は、「甘めのもの」「重厚なもの」「軽い味わいのもの」「すっきりとしたもの」など、自分の好みをバーテンダーに伝えましょう。加えて、「食前か食後か」「別の店ですでに飲んできた後なのか」といったことを伝えると、バーテンダーがウイスキーを選ぶ基準になります。こうした経験を経て、ウイスキーの注文に慣れてきたら、自分好みの生産国や原材料を見つけていくといいでしょう。

ウイスキーには以下のように、さまざまな飲み方があります。そのときの気分や状況に合わせて選びましょう。

ウイスキーのさまざまな飲み方

オン・ザ・ロック

ウイスキーに氷を入れたもの。ストレートに比べて、口当たりがよく感じられる。できるだけ大きな氷を使うと、氷がゆっくり溶けてウイスキーが薄まりにくくなる。

ストレート

ウイスキー本来の味が楽しめる「ストレート」。香り豊かなシングル・モルトや、長期熟成の高価なウイスキーは、ストレートで味わうのがおすすめだ。

水割り

すっきりとして飲みやすい「水割り」。グラスにたっぷりと氷を入れ、マドラーでウイスキーが冷えるまで十数回かき混ぜた後、冷やした水を加えて飲む。

トワイスアップ

ウイスキーを同量の水で割る飲み方。氷は入れず、常温の水を使うことで、ウイスキー本来の味と香りが楽しめる。

ハイボール

ウイスキーをソーダで割った「ウイスキー・ソーダ」のこと（→ P176）。氷を入れたタンブラーにウイスキーとソーダを注ぎ、好みでレモンやライムを加える。

Information

カクテルの日

毎年5月13日は世界的に「カクテルの日」とされている。なぜこの日なのかというと、「カクテル」の定義が初めて紹介されたのが、1806年5月13日に発行されたアメリカの新聞だったから。これにちなんで、5月13日は「カクテルの日（World Cocktail Day）」に制定された。5月6～13日の1週間は「World Cocktail Week」として、世界中でカクテルに関するさまざまなイベントが行われている。

日本では、2011年に国内バーデンダー4団体（日本ホテルバーメンズ協会、日本バーテンダー協会、プロフェッショナル・バーテンダーズ機構、全日本フレア・バーテンダーズ協会）が「カクテルの日」を制定。この時期には、各地のバーでカクテルのイベントやフェアなどが開催され、カクテルの魅力に触れる機会がたくさんある。

次の5月13日には、バーや家で、ぜひカクテルを楽しもう。

HBAカクテルアドバイザー

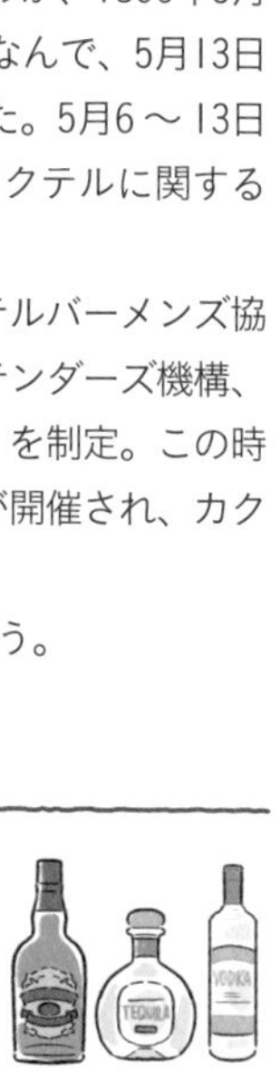

カクテルを楽しむための知識と技術の習得、飲酒にかかわるマナーやモラルの普及向上を目的として、一般の人を対象にした「カクテルアドバイザー」という資格がある。認定を行っているのは、一般社団法人 日本ホテルバーメンズ協会（H.B.A.）。通信講座で学んで、認定試験も自宅で受けることができる。合格者には認定カードが送られ、晴れてカクテルアドバイザーの有資格者として認定される。

「HBAカクテルアドバイザー」の取得を通じて、お酒やカクテルの知識を増やせば、バーで友人におすすめのカクテルを注文してあげたり、ホームパーティーでカクテルを作ってあげたりと、さまざまな場面でカクテルをもっと楽しむことができるだろう。

詳細はH.B.A.ウェブサイトで確認を。　www.hotel-barmen-hba.or.jp

カクテル用語集

ア

アイス・クラッシャー
クラッシュド・アイスを作るための氷粉砕機。手動のものと電動のものがある。

アイス・トング
氷を挟む道具。氷をグラスなどに入れるときに使う。挟みやすいように、先がギザギザになっている。(→P86)

アイス・ピック
氷を砕くために使う錐のこと。先の部分が1本のもの、二股、三股のものなどがある。(→P86)

アイス・ペール
割った氷を入れておく容器。溶けた氷の水分を切るための中敷きが付いているものが便利。(→P86)

アイリッシュ・ウイスキー
アイルランドで造られるウイスキー。大麦麦芽、ライ麦、小麦などを使い、3回蒸留して造られる。ピート（泥炭）で燻蒸しないライトな味わいが特徴。(→P53)

アプリコット・ブランデー
アンズの果肉をスピリッツに浸漬し、スパイスなどを加えたリキュール。ほんのり甘酸っぱい。(→P64)

アペリティフ
→食前酒

アメリカン・ウイスキー
アメリカで造られるウイスキー。トウモロコシを使った華やかな香りのバーボン・ウイスキーが代表的。ライ麦を使ったライ・ウイスキーなどもある。(→P53)

アルマニャック
フランス南西部のアルマニャック地方で造られるブランデー。骨太な味わいが特徴。(→P58)

ウイスキー
大麦、小麦、トウモロコシなどの原料を糖化、発酵、蒸留し、さらに樽の中で熟成させた蒸留酒。(→P52)

ウオッカ
おもに穀物を原料として、活性炭で濾過して不純物を取り除いた蒸留酒。クセがなく、まろやかな味わい。(→P40)

オーセンティック・バー
多くの酒や副材料がそろい、一流のバーテンダーがクオリティの高い酒を提供する、落ち着いた雰囲気のバー。「オーセンティック（authentic）」は「本物の、正統な」という意味。(→P193)

オー・ド・ヴィー
フランスにおける、ブランデーをはじめとする果実で造った蒸留酒の総称。フランス語で「生命の水」という意味。(→P58)

オープナー
ビールや炭酸飲料などの王冠を抜くときに使う栓抜きのこと。(→P88)

オール・デイ・カクテル
TPOによるカクテルの分類のひとつ。食前・食後などに関係なく、いつ飲んでもよいカクテル。(→P14)

オリーブ
グラスに沈めたり、カクテル・ピンに刺して飾ったりして使う。青い実を塩漬けにしたグリーン・オリーブ、種を抜いて赤ピーマンなどを詰めたスタッフド・オリーブ、熟した黒い実を漬けたブラック・オリーブなどが使い分けられる。(→P110)

オンス(oz)
液量・容量を表す単位。アメリカとイギリスではその値が異なるが、日本では慣習的に1オンス（oz）は30mℓに換算されることが多い。

カ

カクテル・ピン
カクテルのデコレーションで使うピン。オリーブやマラスキーノ・チェリー、レモンなどを刺して飾る。(→P88)

カナディアン・ウイスキー
カナダで造られるウイスキー。トウモロコシ、ライ麦、大麦麦芽の原酒をブレンドしたライトな味わい。(→P53)

カルヴァドス
フランス・ノルマンディー地方で生産される、リンゴを使ったアップル・ブランデー。(→P61)

キューブド・アイス
3cmくらいの立方体の氷。市販の製氷皿で作られるものとほぼ同じ大きさ。(→P101)

キュラソー
オレンジの果皮などで香味付けしたリキュール。無色透明なホワイト・キュラソーのほか、ブルー、レッド、グリーンなど着色したものや、製法が異なるオレンジ・キュラソーなどがある。(→P64)

禁酒法
アメリカで1920～1933年に施行された、飲料用アルコールの製造・販売・運搬、社交クラブなどでの飲酒が禁止された法律。(→P24)

glass (グラス)
カクテル作りの分量に使われる単位。「1/3glass」など分数で表示される。その分量はグラスにより異なるが、カクテル・グラスの場合は1glass＝約120mℓ。

クラックド・アイス
直径3～4cmに割った氷で、シェークやステアなどの際に使われる。角がないように割ると溶けにくい。(→P101)

クラッシュド・アイス
クラックド・アイスやキューブド・アイスを小さな粒状に砕いた氷。アイス・クラッシャーで作る。(→P101)

グラッパ
ワイン用のブドウの搾りカスから造られる、イタリアのカス取りブランデー。(→P59)

グレナデン・シロップ
ザクロの果汁に砂糖を加えて煮詰めたシロップ。(→P99)

クローブ
丁子（ちょうじ）の花のつぼみを乾燥させたもの。低い温度では香りが出ないので、ホット・カクテルに使われる。(→P100)

コーディアル・ライム・ジュース
加糖したタイプのライム・ジュース。カクテルの副材料としてよく使用される。

コニャック
世界で最も有名なブランデーの産地、フランス西南部のコニャック地方で造られるブランデー。香り高く奥深い味わいが特徴。(→P58)

混成酒
醸造酒や蒸留酒をベースに、香料、色素、糖分などを加えた酒。リキュール、ベルモット、梅酒など。(→P32)

サ

サヴォイ・カクテル・ブック
イギリス・ロンドンの名門ホテル「ザ・サヴォイ」のチーフ・バーテンダー、ハリー・クラドックが世界中のカクテルのレシピをまとめた書籍。1930年刊行。(→P27)

シェーカー
シェークの技法に使う道具。トップ、ストレーナー、ボディの3つのパーツで構成されている。材料を混ぜ合わせ、冷やし、口当たりをまろやかにする効果がある。(→P84)

シェーク
材料と氷を入れたシェーカーを振って、材料を混ぜ合わせるカクテル作りの技法。(→P92)

シェリー
スペイン・アンダルシア地方で生産されるフォーティファイド・ワイン。白ワインにブランデーを加え熟成させる。独特の香りと風味をもつ。(→P71)

ジュニパー・ベリー
杜松（ねず）の実のことで、乾燥させて香辛料として使う。ジンの香り付けに使われる。(→P36)

醸造酒
果実、米、麦などの原料を発酵させて造られる酒類。ワイン、ビール、日本酒など。(→P32)

焼酎
穀類やイモ類などから造られる、日本で最も古い蒸留酒。連続式蒸留焼酎と単式蒸留焼酎に分けられる。(→P80)

蒸留酒
醸造酒を蒸留してアルコール度数を高めた酒類。ウイスキー、ブランデー、ジン、焼酎など。(→P32)

ショート・ドリンク
冷やした材料をカクテル・グラスに注いで、冷たいうちに短時間で飲むカクテルのこと。(→P13)

食後酒
食後にデザート感覚で楽しむ酒。英語では「アフター・ディナー・カクテル」、フランス語では「ディジェスティフ」という。(→P14)

食前酒
食事前の食欲増進のために飲む酒。フランス語では「アペリティフ」という。「アペリティフ」はもともと「食欲をそそる」という意味。(→P14)

シロップ
濃厚な甘味液の総称。砂糖を溶かして煮詰めたもの、またそこに果物の香料などを加えたもの。カクテルではザクロが原料の「グレナデン・シロップ」がよく使われる。(→P99)

ジン
大麦、ライ麦やトウモロコシなどの穀物を原料とした蒸留酒に、ジュニパー・ベリー(杜松の実)や香草などで風味付けした酒。無色透明でさわやかな風味が特徴。(→P36)

シングル
ウイスキーをストレートやロックで飲むときに表す単位。1シングル＝30mℓ。1オンスも同量。(→P103)

スクイーザー
オレンジ、レモン、グレープフルーツなどの柑橘類の果汁を搾るための道具。(→P87)

スコッチ・ウイスキー
イギリス北部スコットランド地方で生産されるウイスキー。ピート(泥炭)のスモーキーな香味が特徴。多彩な個性をもつ銘柄がそろう。(→P53)

ステア
ミキシング・グラスに材料と氷を入れ、バー・スプーンで混ぜるカクテル作りの技法。「ステアする」などと単に撹拌する、混ぜるという意味で使われる場合もある。(→P90)

スティル・ワイン
無発泡性の一般的なワインのこと。スティルとは「静かな」という意味。(→P71)

ストレーナー
ミキシング・グラスの縁にはめて、液体を注ぐ際に中の氷が入らないように液体だけを通す道具。また、シェーカーにはあらかじめストレーナーが付いている。(→P84)

スノー・スタイル
グラスの縁をレモンやライムの果汁で湿らせ、塩や砂糖を付けたデコレーションのスタイル。(→P109)

スパークリング・ワイン
発泡性ワインのこと。発酵で発生する炭酸ガスを瓶内に封じ込める方法などで造られる。(→P71)

スピリッツ
醸造酒を蒸留してアルコール度数を高めた蒸留酒のこと。ウイスキー、ブランデー、ジン、焼酎など。(→P34)

ソフト・ドリンク
アルコールを含まない飲料のこと。

タ▶

dash(ダッシュ)
カクテル作りの分量に使われる単位。ビターズ・ボトルを一振りしたときの量。1dash＝約1mℓ。(→P87)

ダブル
ウイスキーをストレートやロックで飲むときに表す単位。シングル(30mℓ)の倍の60mℓ。(→P103)

チェイサー
アルコール度数の高い酒を飲む際に添えられるドリンクのこと。ミネラル・ウォーターの場合が多い。アルコールの刺激を和らげる役目がある。(→P206)

tsp.(ティー・スプーン)
カクテル作りの分量に使われる単位。バー・スプーンのスプーン部分1杯の分量。1tsp.＝約5mℓ。(→P85)

ディジェスティフ
→食後酒

テキーラ
竜舌蘭の一種、アガベ・アスール・テキラーナ・ウェーバーの茎を原料としたメキシコ産の蒸留酒。(→P48)

トニック・ウォーター
レモンやライムなどの果皮や香草類のエキス、糖分を配合した、少し苦みのある炭酸水。(→P98)

drop(ドロップ)
カクテル作りの分量に使われる単位。ビターズ・ボトルを逆さにしたときに、自然に落ちる1滴の分量。1drop＝約1/5mℓ。(→P87)

ナ

日本酒
米、米麹、水を原料として造られる醸造酒。大きく特定名称酒と普通酒に分けられる。(→P77)

ハ

バー・スプーン
材料を混ぜるときなどに使う、柄の部分がらせん状になった長いスプーン。両端はスプーンとフォークになっていて、1tsp.はこのスプーンの1杯分を指す。(→P85)

バーテンダー
バーで酒類など飲み物の調合・提供をし、客をもてなす人。「bar (酒場)」と「tender (世話や見張りをする人)」が組み合わさってできた言葉。(→P200)

バーボン・ウイスキー
アメリカのケンタッキー州で生産されるウイスキー。トウモロコシを51%以上使用し、内側を焦がした樽で熟成する。赤褐色の色合いと力強い樽由来の香りが特徴。(→P53)

パール・オニオン
大きさがオリーブと同じくらいの小粒の白タマネギ。「ギブソン」など、おもに辛口のカクテルの飾りとして使われる。(→P110)

バック・バー
バー・カウンターの後ろにある、さまざまな酒やグラスが並んだ壁や棚のこと。(→P194)

ビール
大麦を発芽させた麦芽、水、ホップを主原料に、コーンスターチや米などの副原料を加え、ビール酵母で発酵させた醸造酒。上面発酵ビール、下面発酵ビール、自然発酵ビールに分けられる。(→P74)

ピール
レモンやオレンジなど柑橘類の皮の小片。皮のオイル分をカクテルに振りかけて風味を引き締める。(→P107)

ビターズ・ボトル
ビターズ(薬草を原料とした苦みのあるリキュール)を入れるための専用容器。一振りしたときの分量が1dash、ボトルを逆さにして自然に落ちる1滴の分量が1drop。(→P87)

ビルド
グラスに直接材料と氷を入れて、バー・スプーンで軽く混ぜて仕上げるカクテル作りの技法。(→P91)

フォーティファイド・ワイン
醸造過程でアルコール度数や糖度を高めた酒精強化ワイン。シェリー、マルサラ・ワイン、ポート・ワイン、マデイラ・ワインなど。(→P71)

副材料
カクテルは「酒＋something (何か)」で作られ、主材料となる酒以外に混ぜ合わせる材料(炭酸飲料、ジュース、フルーツなど)のこと。(→P12、98)

ブランデー
フルーツを原料とした蒸留酒。原料はブドウが最も多いが、サクランボやリンゴなど多種類ある。(→P58)

プルーフ
アルコール濃度を表す単位。アメリカ式とイギリス式がある。アメリカ式は、日本で使われるアルコール度数（%、度）の2倍、イギリス式では1.75倍。

フレーバード・ワイン
スティル・ワインに薬草や香草、果実、甘味料などを加えて風味付けしたワイン。（→P71）

ブレンダー
ブレンドの技法で使われる道具。ミキサーとも呼ばれる。（→P86）

ブレンド
ブレンダー（ミキサー）で材料とクラッシュド・アイスを攪拌（かくはん）するカクテル作りの技法。フローズン・スタイルのカクテルやフレッシュ・フルーツを使ったカクテルを作るのに用いられる。（→P94）

フロート
複数の比重の異なる液体を混ざらないように注ぎ重ねること。フロートは「浮かべる」という意味。（→P17）

ブロック・オブ・アイス
約1kgの四角い大きな氷の塊のこと。（→P101）

ペストル
グラスやシェーカーの中でミントの葉やフルーツなどを潰す際に使う棒状の道具。（→P87）

ペティ・ナイフ
フルーツや野菜を切るときなどに使う小ぶりのナイフ。（→P87）

ポート・ワイン
ワインの発酵途中にブランデーを加えて造られる、ポルトガル産のフォーティファイド・ワイン。独特の甘みとコクが特徴。（→P71）

マ▶

マラスキーノ・チェリー
種を抜いたチェリーを砂糖漬けにして着色したもの。通常は赤色のレッド・チェリーを指し、緑色のものはミント・チェリーと呼ばれる。おもに甘口のカクテルの飾りに使われる。（→P110）

ミキシング・グラス
ステアの技法の際に使われる、大型のグラス。（→P85）

ミント・チェリー
→マラスキーノ・チェリー

メジャー・カップ
酒やジュースなどの材料の分量を量る金属製のカップ。30mℓと45mℓの組み合わせが一般的。（→P85）

モクテル
「見せかけの、にせの」という意味の「mock（モック）」と「cocktail（カクテル）」を組み合わせた造語で、ノン・アルコール・カクテル（→P189）のこと。

ラ▶

ラム
サトウキビの搾り汁を煮詰め、砂糖を結晶させた後の糖蜜（とうみつ）を原料にした蒸留酒。甘みをもった力強い味わいが特徴。（→P44）

ランプ・オブ・アイス
ブロック・オブ・アイスを握りこぶしより少し小さめの大きさに割ったもの。（→P101）

リキュール
蒸留酒にフルーツ、薬草、香草、花などのフレーバーを加え、甘みや着色を添加した混成酒。（→P62）

ロング・ドリンク
タンブラーやコリンズ・グラスなどの大きめのグラスで作られ、時間をかけて楽しむカクテルのこと。（→P13）

ワ▶

ワイン
ブドウの果実を発酵させて造られる醸造酒。（→P70）

割材
酒を割って飲むための炭酸飲料やジュースなどのこと。（→P98）

協力

京王プラザホテル　メインバー〈ブリアン〉

京王プラザホテル開業当時から多くの人々に愛されている、格調ある佇まいのメインバー。落ち着いた雰囲気の中で、バーテンダーの洗練されたパフォーマンスと多彩にそろうカクテル、世界の銘酒を味わうことができる。“大人の社交場”として継承されてきた、古きよき正統派のバーだ。

https://www.keioplaza.co.jp/restaurant/list/brillant

一般社団法人
日本ホテルバーメンズ協会（H.B.A.）

日本全国のホテルバーメンを中核に、本格派バーのあり方とカクテルを中心とした飲料文化の発展・育成を目的に活動している団体。カクテルを楽しむための知識と技術の習得、飲酒にかかわるマナーやモラルの普及・向上を目指し、会員に対する認定制度のほか、一般の人を対象にした「HBAカクテルアドバイザー」という資格の認定も行っている（→P216）。

https://www.hotel-barmen-hba.or.jp/

協力メーカー・発売元、その他協力先

アサヒグループホールディングス株式会社
旭酒造株式会社
株式会社アルカン
株式会社ウィスク・イー
オエノンホールディングス株式会社
神谷商事株式会社（神谷バー）
賀茂鶴酒造株式会社
京都蒸溜所
キリンビール株式会社
月桂冠株式会社
国分グループ本社株式会社
有限会社佐多宗二商店
サッポロビール株式会社
サントリーホールディングス株式会社
三陽物産株式会社
三和酒類株式会社
ジャパンインサイト株式会社
株式会社ジャパンインポートシステム
宝ホールディングス株式会社
ディアジオ ジャパン株式会社
ドーバー洋酒貿易株式会社
西酒造株式会社
日本リカー株式会社
バカルディ ジャパン株式会社
株式会社紅乙女酒造
ペルノ・リカール・ジャパン株式会社
宮坂醸造株式会社
株式会社明治屋
メルシャン株式会社
株式会社ユニオンフード
ユニオンリカーズ株式会社
リードオフジャパン株式会社
レミー コアントロー ジャパン株式会社
CT Spirits Japan株式会社
MHD モエ ヘネシー ディアジオ株式会社

おもな参考文献・ウェブサイト

※順不同

渡邉一也 監修
『カクテル完全バイブル』（ナツメ社、2012年）

佐藤喜代八 監修
『家飲み＆外飲みがもっと楽しくなるカクテルの話』（ナツメ社、2013年）

日本ホテルバーメンズ協会 編著
『HBA オフィシャル バーテンダーズ ブック』（日本ホテルバーメンズ協会、2012年）

日本ホテルバーメンズ協会 編著
『「HBAカクテルアドバイザー」資格認定教本』（ごま書房、2008年）

渡邉一也 監修
『ゼロから始めるカクテル＆バー入門』（KADOKAWA、2014年）

君嶋哲至 監修
『日本酒の図鑑』（KADOKAWA、2014年）

アサヒビール　https://www.asahibeer.co.jp/cocktailguide/
サントリー　https://www.suntory.co.jp/wnb/
BAR TIMES　https://www.bar-times.com/

●監修者　**一般社団法人 日本ホテルバーメンズ協会（H.B.A.）名誉顧問**
渡邉一也（わたなべ・かずや）
京王プラザホテル料飲部エグゼクティブ・アドバイザーを務める。1986年、日本ホテルバーメンズ協会主催カクテルコンペティションにおいて「セレブレーション」で優勝。2005年、東京都優秀技能者（東京マイスター）知事賞受賞。2006年にH.B.A.社団法人日本ホテルバーメンズ協会会長に就任。2011年には現代の名工受章、2012年、シャンパーニュ騎士団に叙任。同年11月にバーテンダーとしては初めて、平成24年秋の黄綬褒章を受章。2014年に一般社団法人 日本ホテルバーメンズ協会（H.B.A.）名誉顧問に就任。長年にわたりバーテンダーとして、カクテルを通じた飲酒文化の発展に努めている。

●スタッフ　監修協力／庄司浩（一般社団法人 日本ホテルバーメンズ協会）、鈴木克昌、高野勝矢（京王プラザホテル）
編集協力／小島まき子、新藤史絵（株式会社アーク・コミュニケーションズ）、岡田香絵、河合篤子、籔智子
写真撮影／清水亮一（アーク・フォト・ワークス）
本文デザイン／川尻裕美（有限会社エルグ）
イラスト／山崎真理子
校正／株式会社円水社
編集担当／田丸智子（ナツメ出版企画株式会社）

本書に関するお問い合わせは、書名・発行日・該当ページを明記の上、下記のいずれかの方法にてお送りください。電話でのお問い合わせはお受けしておりません。
・ナツメ社Webサイトの問い合わせフォーム　https://www.natsume.co.jp/contact
・FAX（03-3291-1305）
・郵送（下記、ナツメ出版企画株式会社宛て）
なお、回答までに日にちをいただく場合があります。正誤のお問い合わせ以外の書籍内容に関する解説・個別の相談は行っておりません。あらかじめご了承ください。

理由（りゆう）がわかればもっとおいしい！
カクテルを楽（たの）しむ教科書（きょうかしょ）

ナツメ社Webサイト
https://www.natsume.co.jp
書籍の最新情報（正誤情報を含む）はナツメ社Webサイトをご覧ください。

2021年11月1日　初版発行
2022年7月20日　第2刷発行

監修者　渡邉一也（わたなべかずや）
発行者　田村正隆

Watanabe Kazuya, 2021

発行所　株式会社ナツメ社
東京都千代田区神田神保町1-52　ナツメ社ビル1F（〒101-0051）
電話　03（3291）1257（代表）　FAX　03（3291）5761
振替　00130-1-58661
制作　ナツメ出版企画株式会社
東京都千代田区神田神保町1-52　ナツメ社ビル3F（〒101-0051）
電話　03（3295）3921（代表）
印刷所　ラン印刷社

ISBN978-4-8163-7094-6
Printed in Japan
〈定価はカバーに表示してあります〉
〈落丁・乱丁本はお取り替えします〉